근현대 전법 선맥(傳法禪脈)

75조 경허 성우(鏡虛 惺牛) 전법선사

홀연히 콧구멍 없는 소 되라는 말끝에	忽聞人語無鼻孔
삼천계가 내 집임을 단박에 깨달았네	頓覺三千是我家
유월의 연암산을 내려가는 길에서	六月鷰岩山下路
일없는 야인이 태평가를 부르노라	野人無事太平歌

76조 만공 월면(滿空 月面) 전법선사

전법게

구름과 달, 산과 계곡이라, 곳곳에서 같음이여	雲月溪山處處同
선가의 나의 제자 수산의 큰 가풍일세	叟山禪子大家風
은근히 무문인을 그대에게 분부하니	慇懃分付無文印
이 기틀의 방편이 활안 중에 있노라	一段機權活眼中

* 제75조 경허 성우 전법선사 전함 / 제76조 만공 월면 전법선사 받음

77조 전강 영신(田岡 永信) 전법선사

전법게

불조도 전한 바 없어서	佛祖未曾傳
나 또한 얻은 바 없음을…	我亦無所得
가을빛 저물어 가는 날에	此日秋色暮
뒷산의 원숭이가 울고 있네	猿嘯在後峰

* 제76조 만공 월면 전법선사 전함 / 제77조 전강 영신 전법선사 받음

78대 농선 대원(弄禪 大圓) 전법선사

전법게

부처와 조사도 일찍이 전한 것이 아니거늘	佛祖未曾傳
나 또한 어찌 받았다 하며 준다 할 것인가	我亦何受授
이 법이 2천년대에 이르러서	此法二千年
널리 천하 사람을 제도하리라	廣度天下人

부송(付頌)

어상을 내리지 않고 이러–히 대한다 함이여	不下御床對如是
뒷날 돌아이가 구멍 없는 피리를 불리니	後日石兒吹無孔
이로부터 불법이 천하에 가득하리라	自此佛法滿天下

* 제77조 전강 영신 전법선사 전함 / 제78대 농선 대원 전법선사 받음

이 오도송과 전법게는 농선 대원 선사님께서 법리에 맞도록 새롭게 번역한 것입니다.

불조정맥 제77조 대한불교 조계종 전강 대선사님께서는, 16세에 출가하여 23세 때 첫 깨달음을 얻고 25세에 인가를 받으셨다. 당대의 7대 선지식인 만공, 혜봉, 혜월, 한암, 금봉, 보월, 용성 선사님의 인가를 한 몸에 받으셨으며, 이 중 만공 선사님께 전법게를 받아 그 뒤를 이으셨다. 당대의 선지식들이 모두 극찬할 정도로 그 법이 뛰어나서 '지혜제일 정전강'이라 불렸다.

33세의 최연소의 나이로 통도사 조실을 하셨고, 법주사, 망월사, 동화사, 범어사, 천축사, 용주사, 정각사 등 유명선원 조실을 역임하시고 인천 용화사 법보선원의 조실로 일생을 마치셨다.

1975년 1월 13일, 용화사 법보선원의 천여 명 대중 앞에서 "어떤 것이 생사대사(生死大事)인고?" 자문한 후에 "악! 구구는 번성(翻成) 팔십일이니라."라고 법문한 뒤, 눈을 감고 좌탈입망하셨다.

다비를 하던 날, 화려한 불빛이 일고 정골에서 구슬 같은 사리가 무수히 나왔다. 열반하시기까지 한결같이 공안 법문으로 최상승법을 드날리셨으니 그 투철한 깨달음과 뛰어난 법, 널리 교화하기를 그치지 않으셨던 점에 있어서 한국 근대 선종의 거목이라 일컬어지고 있다.

불조정맥 제78대 농선 대원 전법선사님
- 전강대법회에서 법문 중 할을 하시는 모습

오로지 정법만을 깨닫기 서원합니다.

입을 열면 정법만을 설하기 서원합니다.

중생이 다하는 그날까지 교화하기 서원합니다.

- 농선 대원 전법선사의 3대 서원

불교 8대 선언문

불교는 자신에게서 영생을 발견하게 한 유일한 종교이다.
불교는 자신에게서 모든 지혜를 발견하게 한 유일한 종교이다.
불교는 자신에게서 모든 능력을 발견하게 한 유일한 종교이다.
불교는 자신에게서 모든 것을 이루게 한 유일한 종교이다.
불교는 자신에게서 극락을 발견하게 한 유일한 종교이다.
불교는 깨달으면 차별 없어 평등하다는 유일한 종교이다.
불교는 모든 억압 없이 자신감을 갖게 한 유일한 종교이다.
불교는 그러므로 온 누리에 영원할 만인의 종교이다.

- 농선 대원 전법선사 주창

전세계의 불교계에서 통일시켜야 할 일

경전의 말씀대로 32상과 80종호를 갖춘 불상으로 통일해야 한다.

예불 드리는 법을 통일해야 한다.

불공의식을 통일해야 한다.

- 농선 대원 전법선사 주창

2018년 이룬절 포천정맥선원 농선 대원 선사님의 법회

대방광불화엄경
大 方 廣 佛 華 嚴 經

제 39 권

십지품 ⑥
十 地 品

도서출판 문젠(구, 바로보인)은 정맥선원에서 운영하고 있습니다.

* 인제산(人濟山) 성불사(成佛寺) 국제정맥선원
  경기도 포천시 내촌면 소리개길 86-178 ☎ 031-531-8805 ☎ 010-6431-8805
* 인제산(人濟山) 이룬절 포천정맥선원
  경기도 포천시 내촌면 소리개길 86-123 ☎ 031-531-2433 ☎ 010-3880-8980
* 자모산(慈母山) 육조사(六祖寺) 청도정맥선원
  경북 청도군 매전면 동산리 산 50 ☎ 010-9800-6109
* 백양산(白楊山) 자모사(慈母寺) 부산정맥선원
  부산시 동래구 아시아드대로 114번길 10 대류코리아나 2층 212호
  ☎ 051-503-6460 ☎ 010-2951-8667
* 광암산(光巖山) 성도사(成道寺) 광주정맥선원
  광주광역시 광산구 삼도광암길 34 ☎ 062-944-4088 ☎ 010-8670-1445
* 대통산(大通山) 대통사(大通寺) 해남정맥선원
  전남 해남군 화산면 송계길 132-98 중정마을 ☎ 061-536-6366 ☎ 010-8938-2438

바로보인 불법 ❸❽

화 엄 경 39권

초판 1쇄 펴낸날 단기 4352년, 불기 3046년, 서기 2019년 6월 20일

역   저 농선 대원 선사
펴 낸 곳 도서출판 문젠(Moonzen Press)
          11192,경기도 포천시 내촌면 소리개길 86-178
          전화 031-534-3373 팩스 031-533-3387
신 고 번 호 2010.11.24. 제2010-000004호

윤 문 교 정 증연 강영미
편집전자책제작 도향 하가연
표 지 그 림 현정(玄禎)
인   쇄 가람문화사

도서출판문젠 www.moonzenpress.com
정 맥 선 원 www.zenparadise.com
사막화방지국제연대(IUPD) www.iupd.org

ⓒ 문재현, 2017. Printed in Seoul, Republic of Korea
값 15,000원
ISBN 978-89-6870-039-2 04220
ISBN 978-89-6870-000-2 (전81권)

華嚴十無頌 화엄십무송

- 농선 대원 선사

無相法性常顯前
상이 없는 법성은 언제나 드러나 있고

無性諸法如谷響
성품이 없는 모든 법은 골짜기에 메아리 같도다

無外作處是自在
밖이 없이 짓는 곳을 이 자재라 하는 것이니

無非華嚴大道場
화엄 대도량 아님이 없음이로다

無窮無盡光神通
궁구할 수 없고 다함 없는 광명의 신통에서

無不出生三千界
삼천대천세계가 나오지 않음이 없도다

無碍相卽大自在
걸림이 없이 서로 즉한 대자재여

無爲之法是日常
함이 없는 법이 일상이로다

無有定法隨狀況
정한 법 없어 상황을 따름이여

無上無爲妙菩提
위 없고 함이 없는 묘보리로다

바로보인 불법 ㊳

화엄경(華嚴經) 39권

농선 대원 선사 역저

二十六 、십지품 (十地品) ⑥

서 문

가없이 크고 넓어 광대함이여!
모양 없는 그 가운데 본래 갖춤
증득한 지혜인이라야 아네

남섬부주 일체의 나툼이여
본래의 갖춤에 비하자면
천만억분의 일도 안 된다네

이러-히 온통 온통함이여!
모두 갖춘 본연한 이 장엄을
'대방광불화엄'이라 하네

단기(檀紀) 4345년
불기(佛紀) 3039년

무등산인 농선 대원
(無等山人 弄禪 大圓)

∽ 81권 화엄경 권과 품

1. 세주묘엄품(世主妙嚴品)   화엄경 1권 ~ 5권

2. 여래현상품(如來現相品)   화엄경 6권

3. 보현삼매품(普賢三昧品)   화엄경 7권

4. 세계성취품(世界成就品)   화엄경 7권

5. 화장세계품(華藏世界品)   화엄경 8권 ~ 10권

6. 비로자나품(毘盧遮那品)   화엄경 11권

7. 여래명호품(如來名號品)   화엄경 12권

8. 사성제품(四聖諦品)   화엄경 12권

9. 광명각품(光明覺品)   화엄경 13권

10. 보살문명품(菩薩問明品)   화엄경 13권

11. 정행품(淨行品)   화엄경 14권

12. 현수품(賢首品)   화엄경 14권 ~ 15권

13. 승수미산정품(升須彌山頂品)   화엄경 16권

14. 수미정상게찬품(須彌頂上偈讚品)   화엄경 16권

15. 십주품(十住品)   화엄경 16권

16. 범행품(梵行品)   화엄경 17권

17. 초발심공덕품(初發心功德品)   화엄경 17권

18. 명법품(明法品)   화엄경 18권

19. 승야마천궁품(昇夜摩天宮品)   화엄경 19권

20. 야마궁중게찬품(夜摩宮中偈讚品)   화엄경 19권

차 례

일러두기

1. 화엄경 본문을 지나치게 세밀하게 나누어 긴 주해를 싣지 않은 것
   은 그로 해서 원문의 흐름이 끊어지게 되지 않을까 하는 우려에서이
   다. 이런 까닭에 다만 수없이 장고(長考)하며 최대한 원문에 충실하
   게 번역하고 각권의 마지막이나 각품의 마지막에만 결문(結文)을 더
   하였다. 화엄경 본문이 이치적으로 더할 나위 없이 샅샅이 화엄의
   화장세계를 밝힌 것이라면 결문은 화엄경의 화장세계를 선(禪) 도
   리로 간략히 바로 끊어 보인 것이다. 이로써 경의 본뜻이 굴절 없이
   전달되어 화엄의 세계가 독자의 세계가 되기를 바란다.
2. 요즈음 화엄경을 접한 이들이 최고의 경전이라 불리는 화엄경 첫머
   리부터 '신(神)'이라는 호칭으로 기록된 분들이 많은 것을 보고 의
   아하게 생각하는 경우가 있다. 화엄경의 첫머리인 세주묘엄품을 보
   면 이 '신(神)'이라는 호칭으로 기록된 분들이 불보살님의 화현이거
   나 보살마하살의 경지에서 행하는 분들임을 알 수 있다. 이런 까닭
   에 이 책에서는 '신(神)'을 '천제(天帝)'로 번역하였다. 예를 들면, '집
   금강신'은 '집금강천제'로 의역하였다. 천제는 그 세계를 다스리고
   교화하는 분, 곧 깨달아, 삼매와 지혜와 덕과 신통과 방편과 변재를
   갖추어서 다스리고 교화하는 분을 말한다.
3. 미주는 *로 표시하였다.
4. 화엄경 본문에서 장문 뒤의 게송은 앞에 설한 내용의 뜻을 거듭 간
   략히 설한 것으로, 앞의 내용을 찾아 참고하여 읽으면 그 흐름을 더
   잘 이해할 수 있다. 예를 들면, 화엄경 37권 69쪽의 두 번째 연은
   43쪽의 열 가지 역순으로 모든 연기를 관하는 까닭을 축약해 놓은
   것임을 알 수 있다.

二十六 십지품 ⑥

淨居天衆那由他
聞此地中諸勝行
空中踊躍心歡喜
悉共虔誠供養佛

不可思議菩薩衆
亦在空中大歡喜
俱燃最上悅意香
普熏衆會令清淨

自在天王與天衆
無量億數在虛空
普散天衣供養佛
百千萬種繽紛下

10)제10 법운지(法雲地)*

나유타 수의 정거천 대중이
이 지위 가운데 모든 뛰어난 행을 듣고
허공 가운데 뛰어올라 환희한 마음으로
모두 함께 정성을 다하여 부처님께 공양 올리네

불가사의한 보살 대중이
또한 허공 가운데에서 크게 환희하여
최상의 열의향을 모두 태워서
모인 대중에게 두루 풍기어 청정하게 하네

자재천왕과 천상의 대중이
무량 억의 수로 허공에 있으면서
천상의 옷을 널리 흩뿌려 부처님께 공양 올리니
백천만 가지가 뒤섞여 내려오네

天諸婇女無有量
靡不歡欣供養佛
各奏種種妙樂音
悉以此言而讚歎

佛身安坐一國土
一切世界悉現身
身相端嚴無量億
法界廣大悉充滿

於一毛孔放光明
普滅世間煩惱暗
國土微塵可知數
此光明數不可測

한량없는 천상의 모든 채녀가
부처님께 기뻐하여 공양 올리지 않음이 없고
갖가지 묘한 음악을 연주하며
모두 이런 말로 찬탄하기를

부처님의 몸은 한 국토에 편안히 앉아 계시면서
일체 세계에 모두 몸을 나타내시는데
단정하고 엄숙한 무량 억 수의 신상은
광대한 법계에 모두 충만하네

한 털구멍에서 광명을 놓아
세간의 어두운 번뇌를 두루 멸하시니
국토의 가는 티끌의 수는 알 수 있지만
이 광명의 수는 헤아릴 수 없네

或見如來具衆相
轉於無上正法輪
或見遊行諸佛刹
或見寂然安不動

或現住於兜率宮
或現下生入母胎
或示住胎或出胎
悉令無量國中見

或現出家修世道
或現道場成正覺
或現說法或涅槃
普使十方無不睹

혹은 여래께서 온갖 상을 갖추어
위 없는 바른 법륜을 굴림을 보이고
혹은 모든 부처님세계에 다님을 보이며
혹은 고요히 편안하게 움직이지 않음을 보이시네

혹은 도솔궁에 머무름을 나타내고
혹은 인간 세계에 내려와 모태에 듦을 나타내며
혹은 태에 머무르고 혹은 태에서 나옴을 보여서
한량없는 국토 가운데 모두 보게 하시네

혹은 출가하여 세간의 도를 닦음을 나타내고
혹은 도량에서 정각을 이룸을 나타내며
혹은 설법하고 혹은 열반에 듦을 나타내어
널리 시방으로 하여금 보지 않음이 없게 하시네

譬如幻師知幻術
在於大衆多所作
如來智慧亦復然
於世間中普現身

佛住甚深眞法性
寂滅無相同虛空
而於第一實義中
示現種種所行事

所作利益衆生事
皆依法性而得有
相與無相無差別
入於究竟皆無相

비유하면 요술사가 요술을 알아
대중에 있으면서 많은 것을 만들듯이
여래의 지혜도 또한 다시 그러하여
세간 가운데 계시면서 몸을 두루 나타내시네

부처님께서 매우 깊은 참다운 법성에 머무시니
적멸하여 상 없음이 허공과 같지만
제일가는 실다운 진리 가운데
갖가지 행하는 일을 나타내 보이시네

중생을 이익 되게 하려고 행하는 일은
모두 법성을 의지하여 있게 되니
상과 상 없음이 차별 없어
구경에 들어가면 모두 상이 없다네

若有欲得如來智
應離一切妄分別
有無通達皆平等
疾作人天大導師

無量無邊天女衆
種種言音稱讚已
身心寂靜共安樂
瞻仰如來默然住

卽時菩薩解脫月
知諸衆會咸寂靜
向金剛藏而請言
大無畏者眞佛子

만약 여래의 지혜를 얻으려거든
일체 망령된 분별을 여의어야 하며
있고 없음을 통달하여 모두 평등하면
속히 인간과 천상의 대도사가 되네

한량없고 끝없는 천녀 대중이
갖가지 말과 음성으로 찬탄하고 나서는
몸과 마음이 고요해지고 함께 안락하여
여래를 우러러보며 묵연히 머무네

이때 해탈월보살이
모인 대중이 모두 고요해졌음을 알고
금강장보살에게 청하여 말하기를
크게 두려움이 없는 참된 불자여

從第九地入十地
所有功德諸行相
及以神通變化事
願聰慧者爲宣說

爾時 金剛藏菩薩摩訶薩 告解脫月菩薩言 佛子 菩薩摩訶薩 從初地 乃至第九地 以如是無量智慧 觀察覺了已 善思惟修習 善滿足白法 集無邊助道法 增長大福德智慧 廣行大悲 知世界差別 入衆生界稠林 入如來所行處 隨順如來寂滅行 常觀察如來力無所畏不共佛法 名爲得一切種 一切智智 受職位

제9지로부터 10지에 들어가는
모든 공덕과 모든 행상과
신통으로 변화하는 일들을
원하건대 밝은 지혜를 지닌 이께서 펴 설하여 주소서

이때 금강장보살마하살이 해탈월보살에게 말하였다.
"불자여, 보살마하살이 초지로부터 제9지에 이르기까
지 이와 같은 한량없는 지혜로써 관찰하여 깨달아 마치
고는 잘 사유하여 닦아 익히고, 밝은 법을 원만하게 잘
구족하며, 끝없는 도를 돕는 법을 모아 큰 복덕과 지혜
를 더욱 더하고, 널리 대비를 행하며, 세계의 차별을 알
고, 중생계의 빽빽한 숲에 들어가며, 여래께서 행하시는
곳에 들어가고, 여래의 적멸한 행을 수순하며, 항상 여
래의 십력과 사무외와 불공불법을 관찰하니, 일체종과
일체지의 지혜를 얻은 직위를 받는 것이라 이름합니다.

佛子 菩薩摩訶薩 以如是智慧 入受職位已 卽得菩薩離垢
三昧 入法界差別三昧 莊嚴道場三昧 一切種華光三昧 海
藏三昧 海印三昧 虛空界廣大三昧 觀一切法自性三昧 知
一切衆生心行三昧 一切佛皆現前三昧 如是等百萬阿僧祇
三昧 皆現在前 菩薩 於此一切三昧 若入若起 皆得善巧
亦善了知一切三昧 所作差別 其最後三昧 名受一切智勝職
位

불자여, 보살마하살이 이와 같은 지혜로써 직위를 받음에 들어가서는, 곧 보살의 때를 여의는 삼매와 법계의 차별에 들어가는 삼매와 도량을 장엄하는 삼매와 일체 종류의 꽃 광명 삼매와 바다 보배장 삼매와 해인삼매*와 허공계의 광대한 삼매와 일체 법의 자성을 관하는 삼매와 일체 중생의 마음과 행을 아는 삼매와 일체 부처님께서 모두 목전에 나타나시는 삼매와 이와 같은 등의 백만 아승기 수의 삼매가 다 목전에 나타납니다.

보살이 이 일체 삼매에 들어가서 일으킴에 다 공교로움을 얻고 또한 일체 삼매의 짓는 바 차별을 밝게 잘 아니, 그 최후의 삼매를 일체 지혜의 뛰어난 직위를 받는 것이라 이름합니다.

此三昧 現在前時 有大寶蓮華 忽然出生 其華廣大 量等
百萬三千大千世界 以衆妙寶 間錯莊嚴 超過一切世間境
界 出世善根之所生起 知諸法如幻性衆行所成 恒放光明
普照法界 非諸天處之所能有 毘琉璃摩尼寶 爲莖 栴檀王
爲臺 瑪瑙 爲鬚 閻浮檀金 爲葉 其華 常有無量光明 衆寶
爲藏 寶網彌覆 十三千大千世界微塵數蓮華 以爲眷屬 爾
時菩薩 坐此華座 身相大小 正相稱可

이 삼매가 앞에 나타날 때에 큰 보배연꽃이 홀연히 나오니, 그 꽃이 광대하여 양이 백만 삼천대천세계와 같고, 온갖 묘한 보배를 사이사이 섞어 장엄하여 일체 세간의 경계를 초월하며, 세간을 벗어난 선근으로 일어난 바이고, 모든 법이 환과 같은 성품임을 알아 온갖 행으로 이룬 바이며, 항상 광명을 놓아 널리 법계를 비추어 모든 천상에 있는 바가 아닙니다.

비류리 마니보배를 줄기로 삼고, 전단왕을 꽃받침으로 삼으며, 마노를 꽃술로 삼고, 염부단금을 잎으로 삼는데, 그 꽃에는 항상 한량없는 광명이 있어 여러 보배를 연밥으로 삼고, 보배그물을 두루 덮으니, 십 삼천대천세계 가는 티끌 수 만큼의 연꽃을 권속으로 삼습니다.

이때 보살이 이 연화좌에 앉으니 신상의 크기가 반듯하여 서로 들어맞습니다.

無量菩薩 以爲眷屬 各坐其餘蓮華之上 周匝圍遶 一一各
得百萬三昧 向大菩薩 一心瞻仰 佛子 此大菩薩 幷其眷屬
坐華座時 所有光明 及以言音 普皆充滿十方法界 一切世
界 咸悉震動 惡趣休息 國土嚴淨 同行菩薩 靡不來集 人
天音樂 同時發聲 所有衆生 悉得安樂 以不思議供養之具
供一切佛 諸佛衆會 悉皆顯現

한량없는 보살을 권속으로 삼았는데 각각 그 나머지 연꽃 위에 앉아 주위를 두루 둘러싸고, 낱낱이 각각 백만 삼매를 얻어 큰 보살을 향해 한 마음으로 우러러 바라봅니다.

불자여, 이 큰 보살과 그 권속들이 함께 연화좌에 앉을 때 모든 광명과 말과 음성이 시방 법계에 널리 가득 차고 일체 세계가 다 진동하니, 악취(惡趣)가 멈추고 국토가 청정하게 장엄되어 함께 수행하는 보살들이 와서 모이지 않음이 없고, 인간과 천상의 음악이 동시에 소리를 내며, 모든 중생이 다 안락함을 얻어 부사의한 공양구로 일체 부처님께 공양 올리고, 모든 부처님의 대중 모임이 다 나타납니다.

佛子 此菩薩 坐彼大蓮華座時 於兩足下 放百萬阿僧祇光明 普照十方諸大地獄 滅衆生苦 於兩膝輪 放百萬阿僧祇光明 普照十方諸畜生趣 滅衆生苦 於臍輪中 放百萬阿僧祇光明 普照十方閻羅王界 滅衆生苦 從左右脇 放百萬阿僧祇光明 普照十方一切人趣 滅衆生苦 從兩手中 放百萬阿僧祇光明 普照十方一切諸天 及阿修羅 所有宮殿 從兩肩上 放百萬阿僧祇光明 普照十方一切聲聞 從其項背 放百萬阿僧祇光明 普照十方辟支佛身 從其面門 放百萬阿僧祇光明

불자여, 이 보살이 저 큰 연화좌에 앉았을 때, 두 발밑에서 백만 아승기 수의 광명을 놓아서 시방의 모든 큰 지옥을 두루 비추어 중생의 괴로움을 멸하고, 두 무릎에서 백만 아승기 수의 광명을 놓아서 시방의 모든 축생취를 두루 비추어 중생의 괴로움을 멸하며, 배꼽에서 백만 아승기 수의 광명을 놓아서 시방의 염라왕 세계를 두루 비추어 중생의 괴로움을 멸하고, 좌우 옆구리로부터 백만 아승기 수의 광명을 놓아서 시방의 일체 인간취를 두루 비추어 중생의 괴로움을 멸하며, 양쪽 손 가운데로부터 백만 아승기 수의 광명을 놓아서 시방의 일체 모든 천상과 아수라의 모든 궁전을 두루 비추고, 양쪽 어깨 위로부터 백만 아승기 수의 광명을 놓아서 시방의 일체 성문을 두루 비추며, 그 목과 등으로부터 백만 아승기 수의 광명을 놓아서 시방의 벽지불의 몸을 두루 비추고, 그 얼굴로부터 백만 아승기 수의 광명을 놓아서

普照十方初始發心 乃至九地諸菩薩身 從兩眉間 放百萬阿
僧祇光明 普照十方受職菩薩 令魔宮殿 悉皆不現 從其頂
上 放百萬阿僧祇三千大千世界微塵數光明 普照十方一切
世界諸佛如來道場衆會 右遶十匝 住虛空中 成光明網 名
熾然光明 發起種種諸供養事 供養於佛 餘諸菩薩 從初
發心 乃至九地 所有供養 而比於此 百分 不及一 乃至算
數譬喻 所不能及

시방의 처음으로 마음을 발한 초지와 더 나아가서 제9지의 모든 보살의 몸을 두루 비추며, 두 눈썹 사이로부터 백만 아승기 수의 광명을 놓아서 시방의 직위를 받은 보살을 두루 비추어 마군의 궁전을 모두 나타나지 못하게 하고, 그 정수리 위로부터 백만 아승기 수의 삼천대천세계 가는 티끌 수 만큼의 광명을 놓아서 시방 일체 세계의 모든 부처님 여래의 도량에 모인 대중을 두루 비추며, 오른쪽으로 열 겹을 둘러 허공 가운데 머물러서 광명의 그물을 이루어 활활 타오르는 광명이라 이름하고, 갖가지 모든 공양하는 일을 일으켜 부처님께 공양 올리니, 나머지 모든 보살이 처음 마음을 발함으로부터 제9지에 이르기까지 모든 공양하는 바를 제10지와 비교하면 백분의 일에도 미치지 못하고 더 나아가서 산수와 비유로도 미치지 못합니다.

其光明網 普於十方一一如來衆會之前 雨衆妙香 華鬘衣
服 幢幡寶蓋 諸摩尼等莊嚴之具 以爲供養 皆從出世善根
所生 超過一切世間境界 若有衆生 見知此者 皆於阿耨多
羅三藐三菩提 得不退轉 佛子 此大光明 作於如是供養事
畢 復遶十方一切世界一一諸佛道場衆會 經十匝已 從諸
如來足下而入 爾時諸佛 及諸菩薩 知某世界中 某菩薩摩
訶薩 能行如是廣大之行 到受職位

그 광명 그물이 널리 시방의 한 분 한 분 여래의 대중 모임 앞에 여러 묘한 향과 화만과 의복과 당기와 번기와 보배일산과 모든 마니 등의 장엄구를 비 내리듯 하여 공양 올리니, 모두 세간을 벗어난 선근으로부터 생겨난 바여서 일체 세간의 경계를 뛰어넘습니다.

만약 이를 보고 아는 중생이 있으면 모두 아뇩다라삼먁삼보리에서 퇴전하지 않습니다.

불자여, 이 큰 광명이 이와 같이 공양 하는 일을 마치고 나서 다시 시방 일체 세계의 낱낱 모든 부처님 도량에 모인 대중을 열 바퀴 돌고는 모든 여래의 발밑으로 들어갑니다.

이때 모든 부처님과 모든 보살은 어떤 세계 가운데 어떤 보살이 이와 같이 광대한 행을 행하여 직위를 받는 데에 이르르는지를 압니다.

佛子 是時 十方無量無邊乃至九地諸菩薩衆 皆來圍遶 恭
敬供養 一心觀察 正觀察時 其諸菩薩 卽各獲得十千三昧
當爾之時 十方所有受職菩薩 皆於金剛莊嚴臆德相中 出大
光明 名能壞魔怨 百萬阿僧祇光明 以爲眷屬 普照十方 現
於無量神通變化 作是事已 而來入此菩薩摩訶薩金剛莊
嚴臆德相中 其光 入已 令此菩薩 所有智慧 勢力增長 過
百千倍

불자여, 이때 시방의 한량없고 끝없는 보살로부터 제9지에 이르는 모든 보살 대중이 다 와서 에워싸고 공경하여 공양 올리며 한결같은 마음으로 관찰하고, 바르게 관찰할 때에 그 모든 보살이 곧 각각 십천 삼매를 얻습니다.

이때에 시방에 직위를 받은 모든 보살이 다 금강으로 가슴을 장엄한 덕상 가운데에서 큰 광명을 내니 마군과 원수를 무너뜨리는 것이라 이름하고, 백만 아승기 수의 광명을 권속으로 삼아 시방을 두루 비추어 한량없는 신통변화를 나타냅니다.

이 일을 행하기를 마치고 이 보살마하살의 금강으로 가슴을 장엄한 덕상 가운데 와서 들어가고, 그 광명이 들어가고 나서는 이 보살들로 하여금 모든 지혜의 세력을 더욱 더하게 하니 백천 배가 넘습니다.

爾時 十方一切諸佛 從眉間出清淨光明 名增益一切智神通
無數光明 以爲眷屬 普照十方一切世界 右遶十匝 示現如
來廣大自在 開悟無量百千億那由他諸菩薩衆 周徧震動一
切佛刹 滅除一切諸惡道苦 隱蔽一切諸魔宮殿 示一切佛
得菩提處道場衆會莊嚴威德 如是普照盡虛空徧法界一切
世界已 而來至此菩薩會上 周匝右遶 示現種種莊嚴之事
現是事已 從大菩薩頂上而入 其眷屬光明 亦各入彼諸菩
薩頂

이때 시방의 일체 모든 부처님께서 두 눈썹 사이로부터 청정한 광명을 내시니 일체 지혜와 신통을 더하는 것이라 이름하고, 수없는 광명을 권속으로 삼습니다.

시방의 일체 세계를 두루 비추어 오른쪽으로 열 겹을 둘러서 여래의 광대한 자재함을 나타내 보이고, 무량 백천억 나유타 수의 모든 보살 대중을 깨닫게 하며, 일체 부처님세계를 두루 진동하여 일체 모든 악도의 괴로움을 멸하여 없애고, 일체 모든 마군의 궁전을 덮어 숨기며, 일체 부처님께서 보리를 얻으신 곳인 도량에 모인 대중의 장엄한 위덕을 보입니다.

이와 같이 온 허공과 법계에 두루한 일체 세계를 널리 비추고는, 이 보살들의 회상에 와서 오른쪽으로 두루 에워싸고 갖가지 장엄하는 일을 나타내 보입니다.

이 일을 나타내고 나서는 큰 보살의 정수리 위로 들어가니, 그들의 권속의 광명도 또한 각각 그 모든 보살의 정수리로 들어갑니다.

當爾之時 此菩薩 得先所未得百萬三昧 名爲已得受職之
位 入佛境界 具足十力 墮在佛數 佛子 如轉輪聖王 所生
太子 母是正后 身相具足 其轉輪王 令此太子 坐白象寶妙
金之座 張大網幔 建大幢幡 燃香散華 奏諸音樂 取四大
海水 置金瓶內 王執此瓶 灌太子頂 是時 卽名受王職位
墮在灌頂刹利王數 卽能具足行十善道 亦得名爲轉輪聖王

이때에 이 보살이 전에 얻지 못했던 백만의 삼매를 얻으니 이미 직위를 받은 지위를 얻은 것이라 이름하고, 부처님 경계에 들어가서 십력을 구족하여 부처님의 수효에 들어가게 됩니다.

　불자여, 마치 전륜성왕의 태자가 정실 왕후의 소생으로 신상을 구족하는 것과 같습니다.

　그 전륜왕이 태자로 하여금 백상보*로 된 묘한 황금자리에 앉게 하고, 큰 그물 휘장을 두르며, 큰 당기와 번기를 세우고, 향을 사르고 꽃을 흩뿌리며, 모든 음악을 연주하고, 사해의 큰 바닷물을 금병 안에 담아 왕이 이 병을 가지고 태자의 정수리에 부으니, 이때를 곧 왕의 직위를 받는 것이라 이름하고, 관정한 찰리*왕의 수효에 들어가서 곧 열 가지 착한 도를 행함을 구족하며, 또한 전륜성왕이라는 이름을 얻게 되는 것과 같습니다.

菩薩受職 亦復如是 諸佛智水 灌其頂故 名爲受職 具足
如來十種力故 墮在佛數 佛子 是名菩薩受大智職 菩薩
以此大智職故 能行無量百千萬億那由他難行之行 增長無
量智慧功德 名爲安住法雲地 佛子 菩薩摩訶薩 住此法雲
地 如實知欲界集 色界集 無色界集 世界集 法界集 有爲
界集 無爲界集 衆生界集 識界集 虛空界集 涅槃界集

보살의 직위를 받음도 또한 다시 이와 같아서 모든 부처님의 지혜의 물을 그 정수리에 붓는 까닭으로 직위를 받는 것이라 이름하며, 여래의 열 가지 힘을 구족한 까닭으로 부처님의 수효에 들어가게 됩니다.

불자여, 이것을 보살이 큰 지혜의 직위를 받는 것이라 이름합니다.

보살이 이 큰 지혜의 직위로써 무량 백천만억 나유타 수의 행하기 어려운 행을 행하여 한량없는 지혜의 공덕을 더욱 더하니, 법운지에 편안히 머무는 것이라 이름합니다.

불자여, 보살마하살이 이 법운지에 머물면 욕계의 모임과 색계의 모임과 무색계의 모임과 세계의 모임과 법계의 모임과 유위계의 모임과 무위계의 모임과 중생계의 모임과 식계의 모임과 허공계의 모임과 열반계의 모임을 여실하게 압니다.

此菩薩 如實知諸見煩惱行集 知世界成壞集 知聲聞行集
辟支佛行集 菩薩行集 如來力無所畏色身法身集 一切種
一切智智集 示得菩提轉法輪集 入一切法分別決定智集
擧要言之 以一切智 知一切集 佛子 此菩薩摩訶薩 以如
是上上覺慧 如實知衆生業化 煩惱化 諸見化 世界化 法界
化 聲聞化 辟支佛化 菩薩化 如來化 一切分別無分別化
如是等 皆如實知

이 보살이 모든 소견과 번뇌의 행의 모임을 여실하게
알고, 세계의 이루어지고 무너짐의 모임을 알며, 성문행
의 모임과 벽지불행의 모임과 보살행의 모임과 여래의
십력과 사무외와 색신과 법신의 모임과 일체종과 일체
지의 지혜의 모임과 보리를 얻어 법륜 굴림을 보이는 모
임과 일체 법에 들어가 분별하고 결정하는 지혜의 모임
을 아니, 요컨대 일체 지혜로써 일체 모임을 압니다.

불자여, 이 보살마하살이 이와 같이 가장 높은 깨달음
의 지혜로써 중생업의 화함과 번뇌의 화함과 모든 견해
의 화함과 세계의 화함과 법계의 화함과 성문의 화함과
벽지불의 화함과 보살의 화함과 여래의 화함과 일체의
분별과 분별없음의 화함을 여실하게 아니, 이와 같은 등
을 모두 여실하게 압니다.

又如實知佛持 法持 僧持 業持 煩惱持 時持 願持 供養
持 行持 劫持 智持 如是等 皆如實知 又如實知諸佛如來
入微細智 所謂修行微細智 命終微細智 受生微細智 出家
微細智 現神通微細智 成正覺微細智 轉法輪微細智 住壽
命微細智 般涅槃微細智 敎法住微細智 如是等 皆如實
知 又入如來祕密處 所謂身祕密 語祕密 心祕密 時非時
思量祕密

또 부처님의 지님과 법의 지님과 승의 지님과 업의 지님과 번뇌의 지님과 시간의 지님과 서원의 지님과 공양의 지님과 행의 지님과 겁의 지님과 지혜의 지님을 여실하게 아니, 이와 같은 등을 모두 여실하게 압니다.

또 모든 부처님 여래의 미세함에 들어가는 지혜를 여실하게 아니, 닦아 행하는 미세한 지혜와 목숨을 마치는 미세한 지혜와 태어나는 미세한 지혜와 출가하는 미세한 지혜와 신통을 나타내는 미세한 지혜와 정각을 이루는 미세한 지혜와 법륜을 굴리는 미세한 지혜와 수명에 머무는 미세한 지혜와 반열반에 드는 미세한 지혜와 교법에 머무는 미세한 지혜와 이와 같은 등을 모두 여실하게 압니다.

또 여래의 비밀한 곳에 들어가니, 몸의 비밀과 말의 비밀과 마음의 비밀과 때와 때 아님을 헤아리는 비밀과

授菩薩記祕密 攝衆生祕密 種種乘祕密 一切衆生根行差別祕密 業所作祕密 得菩提行祕密 如是等 皆如實知 又知諸佛所有入劫智 所謂一劫 入阿僧祇劫 阿僧祇劫 入一劫 有數劫 入無數劫 無數劫 入有數劫 一念入劫 劫入一念 劫入非劫 非劫入劫 有佛劫 入無佛劫 無佛劫 入有佛劫 過去未來劫 入現在劫 現在劫 入過去未來劫 過去劫 入未來劫 未來劫 入過去劫 長劫 入短劫 短劫 入長劫 如是等 皆如實知

보살에게 수기를 주는 비밀과 중생을 거두는 비밀과 갖가지 승(乘)의 비밀과 일체 중생의 근기와 행의 차별된 비밀과 업으로 짓는 비밀과 보리행을 얻는 비밀과 이와 같은 등을 모두 여실하게 압니다.

또 모든 부처님의 겁에 들어가는 지혜를 아니, 한 겁이 아승기 수의 겁에 들어가고 아승기 수의 겁이 한 겁에 들어가며, 셀 수 있는 겁이 셀 수 없는 겁에 들어가고 셀 수 없는 겁이 셀 수 있는 겁에 들어가며, 한 생각이 겁에 들어가고 겁이 한 생각에 들어가며, 겁이 겁 아님에 들어가고 겁 아님이 겁에 들어가며, 부처님 계신 겁이 부처님 안 계신 겁에 들어가고 부처님 안 계신 겁이 부처님 계신 겁에 들어가며, 과거와 미래의 겁이 현재의 겁에 들어가고 현재의 겁이 과거와 미래의 겁에 들어가며, 과거의 겁이 미래의 겁에 들어가고 미래의 겁이 과거의 겁에 들어가며, 긴 겁이 짧은 겁에 들어가고 짧은 겁이 긴 겁에 들어가며, 이와 같은 등을 모두 여실하게 압니다.

又知如來諸所入智 所謂入毛道智 入微塵智 入國土身正覺智 入衆生身正覺智 入衆生心正覺智 入衆生行正覺智 入隨順一切處正覺智 入示現徧行智 入示現順行智 入示現逆行智 入示現思議不思議世間了知不了知行智 入示現聲聞智 辟支佛智 菩薩行 如來行智 佛子 一切諸佛 所有智慧 廣大無量 此地菩薩 皆能得入

또 여래의 모든 들어가는 지혜를 아니, 범부에 들어가는 지혜와 가는 티끌에 들어가는 지혜와 국토의 몸으로 정각에 들어가는 지혜와 중생의 몸으로 정각에 들어가는 지혜와 중생의 마음으로 정각에 들어가는 지혜와 중생의 행으로 정각에 들어가는 지혜와 일체 곳을 따라서 정각에 들어가는 지혜와 두루한 행을 나타내 보임에 들어가는 지혜와 따르는 행을 나타내 보임에 들어가는 지혜와 거스르는 행을 나타내 보임에 들어가는 지혜와 사의하고 부사의한 세간을 분명히 앎과 분명히 알지 못함의 행을 나타내 보임에 들어가는 지혜와 성문의 지혜와 벽지불의 지혜와 보살의 행과 여래의 행을 나타내 보임에 들어가는 지혜입니다.

불자여, 일체 모든 부처님의 모든 지혜가 광대하고 한량없으나 이 지위의 보살이 모두 능히 들어갑니다.

佛子 菩薩摩訶薩 住此地 卽得菩薩不思議解脫 無障礙解
脫 淨觀察解脫 普照明解脫 如來藏解脫 隨順無礙輪解脫
通達三世解脫 法界藏解脫 光明輪解脫 無餘境界解脫 此
十爲首 有無量百千阿僧祇解脫門 皆於此第十地中得 如是
乃至無量百千阿僧祇三昧門 無量百千阿僧祇陀羅尼門 無
量百千阿僧祇神通門 皆悉成就 佛子 此菩薩摩訶薩 通達
如是智慧 隨順無量菩提 成就善巧念力

불자여, 보살마하살이 이 지위에 머물러 곧 보살의 부사의한 해탈과 장애가 없는 해탈과 깨끗하게 관찰하는 해탈과 널리 밝혀 비추는 해탈과 여래 보배장의 해탈과 걸림 없는 바퀴를 수순하는 해탈과 삼세를 통달하는 해탈과 법계 보배장의 해탈과 광명바퀴의 해탈과 남음이 없는 경계의 해탈을 얻고, 이 열 가지를 으뜸으로 삼아 무량 백천 아승기 수의 해탈문이 있어 모두 이 제10지 가운데에서 얻습니다.

이와 같이 더 나아가서 무량 백천 아승기 수의 삼매문과 무량 백천 아승기 수의 다라니문과 무량 백천 아승기 수의 신통문을 모두 성취합니다.

불자여, 이 보살마하살이 이와 같은 지혜를 통달하여서 한량없는 보리를 수순하고 공교롭게 생각하는 힘을 성취합니다.

十方無量諸佛 所有無量大法明 大法照 大法雨 於一念頃
皆能安能受 能攝能持 譬如娑伽羅龍王 所霔大雨 唯除大
海 餘一切處 皆不能安不能受 不能攝不能持 如來祕密藏
大法明大法照大法雨 亦復如是 唯除第十地菩薩 餘一切
衆生 聲聞獨覺 乃至第九地菩薩 皆不能安不能受 不能攝
不能持 佛子 譬如大海 能安能受能攝能持一大龍王 所霔
大雨 若二若三 乃至無量諸龍王雨 於一念間 一時霔下 皆
能安能受 能攝能持

시방의 한량없는 모든 부처님께서 가지신 한량없는 큰 법의 밝음과 큰 법의 비춤과 큰 법의 비를 온통인 생각에 모두 편안히 하고 받아들이며 거두고 지닙니다.

비유하면 사가라용왕이 내리는 큰 비는 오직 큰 바다를 제하고는 다른 일체 곳에서 모두 편안하지 못하고 받아들이지 못하며 거두지 못하고 지니지 못하는 것과 같습니다.

여래의 비밀한 보배장인 큰 법의 밝음과 큰 법의 비춤과 큰 법의 비 내림도 또한 다시 이와 같아서, 오직 제10지 보살을 제하고는 나머지 일체 중생과 성문과 독각과 더 나아가서 제9지에 이르르는 보살들은 모두 편안하지 못하고 받아들이지 못하며 거두지 못하고 지니지 못합니다.

불자여, 비유하면 큰 바다가 한 큰 용왕이 내리는 큰 비를 편안히 하고 받아들이며 거두고 지니니, 이렇듯 둘, 셋 더 나아가서 무량 수의 모든 용왕의 비가 잠깐 사이에 한꺼번에 내릴지라도 모두 편안히 하고 받아들이며 거두고 지니는 것과 같습니다.

何以故 以是無量廣大器故 住法雲地菩薩 亦復如是 能安
能受能攝能持一佛 法明法照法雨 若二若三 乃至無量 於
一念頃 一時演說 悉亦如是 是故此地 名爲法雲 解脫月菩
薩 言 佛子 此地菩薩 於一念間 能於幾如來所 安受攝持
大法明大法照大法雨 金剛藏菩薩 言 佛子 不可以算數 能
知 我當爲汝 說其譬喻

무슨 까닭이겠습니까? 이것은 한량없고 광대한 그릇인 까닭입니다.

법운지에 머무는 보살도 또한 다시 이와 같아서 한 부처님의 법의 밝음과 법의 비춤과 법의 비 내림을 모두 편안히 하고 받아들이며 거두고 지니니, 이렇듯 둘, 셋과 더 나아가서 무량 수에 이르기까지 잠깐 동안에 한꺼번에 널리 펴 설할지라도 다 또한 이와 같습니다.

이런 까닭으로 이 지위를 법운이라 이름합니다."

해탈월보살이 말하였다.

"불자여, 이 지위의 보살이 잠깐 사이에 몇 분의 여래 처소에서 큰 법의 밝음과 큰 법의 비춤과 큰 법의 비 내림을 편안히 하고 받아들이며 거두고 지닙니까?"

금강장보살이 말하였다.

"불자여, 산수로써는 알 수 없으니, 내가 그대를 위하여 비유로 설하겠습니다.

佛子 譬如十方 各有十不可說百千億那由他佛刹微塵數世
界 其世界中 一一衆生 皆得聞持陀羅尼 爲佛侍者 聲聞衆
中 多聞第一 如金剛蓮華上佛所 大勝比丘 然一衆生 所受
之法 餘不重受 佛子 於汝意云何 此諸衆生 所受之法 爲
有量耶 爲無量耶 解脫月菩薩 言 其數甚多 無量無邊 金
剛藏菩薩 言 佛子 我爲汝說 令汝得解

불자여, 비유하면 시방에 각각 십불가설 백천억 나유타 수의 부처님세계 가는 티끌 수 만큼의 세계가 있고, 그 세계 가운데 낱낱 중생이 모두 듣고 지니는 다라니를 얻으며, 부처님의 시자가 되어서 성문의 대중 가운데 많이 듣고 기억함에 제일인 것이 마치 금강연화상 부처님 처소의 대승(大勝)비구와 같다고 할지라도, 한 중생이 받은 법을 다른 이가 거듭 받지 못합니다.

불자여, 그대의 생각은 어떠합니까? 이 모든 중생이 받은 법이 한량이 있겠습니까, 한량이 없겠습니까?"

해탈월보살이 말하였다.

"그 수가 매우 많아서 한량없고 끝이 없겠습니다."

금강장보살이 말하였다.

"불자여, 내가 그대를 위해 설하여 그대로 하여금 알게 하겠습니다.

佛子 此法雲地菩薩 於一佛所 一念之頃 所安所受所攝所
持 大法明大法照大法雨 三世法藏 前爾所世界一切衆生
所聞持法 於此 百分 不及一 乃至譬喩 亦不能及 如一佛
所 如是十方 如前所說爾所世界微塵數佛 復過此數 無量
無邊 於彼一一諸如來所 所有法明法照法雨 三世法藏 皆
能安能受 能攝能持 是故此地 名爲法雲

불자여, 이 법운지의 보살이 한 부처님 처소에서 온통인 생각 사이에 편안히 하고 받아들이며 거두고 지닌 큰 법의 밝음과 큰 법의 비춤과 큰 법의 비 내림인 삼세의 법의 보배장은 앞에서의 그러한 세계의 일체 중생이 듣고 지니는 법으로는 여기에 백분의 일에도 미치지 못하고, 더 나아가서 비유로도 또한 미치지 못합니다.

  마치 한 부처님 처소에서와 같이, 이와 같이 시방에는 앞에서 설한 것과 같은 저러한 세계 가는 티끌 수 만큼의 부처님이 다시 이 수를 지나서 한량없고 끝없으며, 저 한 분 한 분의 모든 여래의 처소에 있는 법의 밝음과 법의 비춤과 법의 비 내림인 삼세의 법의 보배장을 다 편안히 하고 받아들이며 거두고 지니니, 이런 까닭으로 이 지위를 법운이라 이름합니다.

佛子 此地菩薩 以自願力 起大悲雲 震大法雷 通明無畏
以爲電光 福德智慧 而爲密雲 現種種身 周旋往返 於一
念頃 普徧十方百千億那由他世界微塵數國土 演說大法 摧
伏魔怨 復過此數 於無量百千億那由他世界微塵數國土
隨諸衆生心之所樂 霔甘露雨 滅除一切衆惑塵焰 是故此
地 名爲法雲 佛子 此地菩薩 於一世界 從兜率天下 乃至
涅槃 隨所應度衆生心 而現佛事 若二若三 乃至如上微塵
數國土

불자여, 이 지위의 보살이 자신의 원력으로 대비의 구름을 일으키고, 큰 법의 우레를 울리며, 육통과 삼명과 사무외를 번갯불로 삼고, 복덕과 지혜를 빽빽한 구름으로 삼아서 갖가지 몸을 나타내어 두루 돌아 오가면서 한 생각 사이에 시방의 백천억 나유타 수의 세계 가는 티끌 수 만큼의 국토에 두루하며, 큰 법을 널리 펴 설하여 마군과 도적을 꺾어 조복시키고, 다시 이 수를 지나서 무량 백천억 나유타 수의 세계 가는 티끌 수 만큼의 국토에서 모든 중생의 마음에 즐거워하는 바를 따라 감로의 비를 내려 일체 온갖 번뇌의 티끌 불꽃을 멸하여 없애니, 이런 까닭으로 이 지위를 법운이라 이름합니다.

불자여, 이 지위의 보살은 한 세계에서 도솔천으로부터 내려와 열반에 이르기까지 제도받을 중생의 마음을 따라서 부처님 일을 나타내고, 이렇듯 둘, 셋 더 나아가서 위에서 말한 것과 같은 가는 티끌 수 만큼의 국토에서도,

復過於此 乃至無量百千億那由他世界微塵數國土 皆亦如
是 是故此地 名爲法雲 佛子 此地菩薩 智慧明達 神通自
在 隨其心念 能以狹世界 作廣世界 廣世界 作狹世界 垢
世界 作淨世界 淨世界 作垢世界 亂住次住 倒住正住 如
是無量一切世界 皆能互作 或隨心念 於一塵中 置一世界
須彌盧等一切山川 塵相如故 世界不減 或復於一微塵之
中 置二置三 乃至不可說世界 須彌盧等一切山川 而彼微
塵 體相如本 於中世界 悉得明現

다시 이를 지나서 더 나아가 무량 백천억 나유타 수의 세계
가는 티끌 수 만큼의 국토에서도 다 또한 이와 같이 합니다.

이런 까닭으로 이 지위를 법운이라 이름합니다.

불자여, 이 지위의 보살은 지혜를 밝게 통달하고 신통을
자재하여서 그 마음의 생각을 따라 좁은 세계를 넓은 세계
로 만들고 넓은 세계를 좁은 세계로 만들며, 더러운 세계를
깨끗한 세계로 만들고 깨끗한 세계를 더러운 세계로 만들
며, 어지럽게 머물고 차례로 머물며, 거꾸로 머물고 바로 머
무는 이와 같은 한량없는 일체 세계를 모두 서로 만들어 냅
니다.

혹은 마음의 생각을 따라 한 티끌 가운데 한 세계의 수미
산 등 일체 산천을 두어도 티끌의 모양은 본래와 같은 까닭
으로 세계도 줄어들지 않으며, 혹은 다시 한 가는 티끌 가운
데 둘, 셋을 두고 더 나아가서 불가설 수의 세계의 수미산 등
일체 산천을 두어도, 저 가는 티끌의 모양은 본래와 같으면서
도 저 가운데 세계는 모두 분명히 나타납니다.

或隨心念 於一世界中 示現二世界莊嚴 乃至不可說世界莊
嚴 或於一世界莊嚴中 示現二世界 乃至不可說世界 或隨
心念 以不可說世界中眾生 置一世界 或隨心念 以一世界
中眾生 置不可說世界 而於眾生 無所嬈害 或隨心念 於一
毛孔 示現一切佛境界莊嚴之事 或隨心念 於一念中 示現
不可說世界微塵數身 一一身 示現如是微塵數手 一一手

혹은 마음의 생각을 따라 한 세계 가운데 두 세계의 장엄과 더 나아가서 불가설 수의 세계 장엄을 나타내 보이고, 혹은 한 세계의 장엄 가운데 두 세계와 더 나아가서 불가설 수의 세계를 나타내 보입니다.

혹은 마음의 생각을 따라 불가설 수의 세계 가운데 중생들을 한 세계에 두고, 혹은 마음의 생각을 따라 한 세계 가운데의 중생들을 불가설 수의 세계에 두어도 중생들을 괴롭게 하거나 해하는 바가 없습니다.

혹은 마음의 생각을 따라 한 털구멍에서 일체 부처님의 경계와 장엄한 일을 나타내 보이고, 혹은 마음의 생각을 따라 한 생각 가운데 불가설 수의 세계 가는 티끌 수 만큼의 몸을 나타내 보이며, 낱낱의 몸에 이와 같은 가는 티끌 수의 손을 나타내 보이고, 낱낱의 손에

各執恒河沙數華奩香篋鬘蓋幢幡 周徧十方 供養於佛

一一身 復示現爾許微塵數頭 一一頭 復現爾許微塵數舌

於念念中 周徧十方 歎佛功德 或隨心念 於一念間 普徧

十方 示成正覺 乃至涅槃 及以國土莊嚴之事 或現其身

普徧三世 而於身中 有無量諸佛 及佛國土莊嚴之事 世界

成壞 靡不皆現 或於自身一毛孔中 出一切風 而於衆生 無

所惱害

각각 항하사 수의 꽃 함과 향 상자와 화만과 일산과 당기와 번기를 가지고 시방에 두루 가득히 하여 부처님께 공양 올리며, 낱낱의 몸에 다시 저러한 가는 티끌 수 만큼의 머리를 나타내 보이고, 낱낱의 머리에 다시 저러한 가는 티끌 수 만큼의 혀를 나타내어서 생각마다 시방에 두루 가득히 하여 부처님의 공덕을 찬탄합니다.

혹은 마음의 생각을 따라 잠깐 사이에 시방에 두루 하여 정각을 이룸과 더 나아가서 열반과 국토를 장엄하는 일을 보이고, 혹은 그 몸을 삼세에 두루 나타내되 몸 가운데 한량없는 모든 부처님과 불국토를 장엄하는 일과 세계의 이루어지고 무너짐을 다 나타내지 않음이 없으며, 혹은 자신의 몸 한 털구멍 가운데에서 일체 바람을 내지만 중생들을 괴롭게 하거나 해하는 바가 없습니다.

或隨心念 以無邊世界 爲一大海 此海水中 現大蓮華 光明
嚴好 徧覆無量無邊世界 於中 示現大菩提樹莊嚴之事 乃
至示成一切種智 或於其身 現十方世界一切光明 摩尼寶
珠 日月星宿 雲電等光 靡不皆現 或以口噓氣 能動十方無
量世界 而不令衆生 有驚怖想 或現十方風災火災 及以水
災 或隨衆生心之所樂 示現色身莊嚴具足 或於自身 示現
佛身 或於佛身 而現自身 或於佛身 現己國土 或於己國土
而現佛身

혹은 마음의 생각을 따라 끝없는 세계를 하나의 큰 바다로 만드니, 이 바닷물 가운데 나타난 큰 연꽃의 광명이 엄정하고 좋은데, 한량없고 끝없는 세계를 두루 덮어 그 가운데 큰 보리수를 장엄하는 일을 나타내 보이며 더 나아가서 일체종지를 이룸을 보이고, 혹은 그 몸에 시방 세계의 일체 광명을 나타내어서 마니보배 구슬과 해와 달과 별과 구름과 번개 등의 광명을 다 나타내지 않음이 없으며, 혹은 입으로 기운을 불어 시방의 한량없는 세계를 움직이되 중생으로 하여금 놀라거나 두려운 생각이 없게 하고, 혹은 시방의 바람의 재앙과 불의 재앙과 물의 재앙을 나타내며, 혹은 중생의 마음에 즐거워하는 바를 따라 색신의 장엄을 구족함을 나타내 보이고, 혹은 자신의 몸에 부처님의 몸을 나타내 보이며, 혹은 부처님의 몸에 자신의 몸을 나타내고, 혹은 부처님의 몸에 자신의 국토를 나타내며, 혹은 자신의 국토에 부처님의 몸을 나타냅니다.

佛子 此法雲地菩薩 能現如是 及餘無量百千億那由他自在
神力 爾時 會中諸菩薩 及天龍夜叉 乾闥婆 阿修羅 護世
四王 釋提桓因 梵天淨居 摩醯首羅 諸天子等 咸作是念
若菩薩 神通智力 能如是者 佛復云何 爾時 解脫月菩薩
知諸衆會心之所念 白金剛藏菩薩言 佛子 今此大衆 聞其
菩薩 神通智力 墮在疑網 善哉 仁者 爲斷彼疑 當少示現
菩薩 神力莊嚴之事

불자여, 이 법운지의 보살이 이와 같으며 그 외에도 무량 백천억 나유타 수의 자재한 위신력을 나타냅니다."

이때 모임 가운데 모든 보살과 천상과 용과 야차와 건달바와 아수라와 호세사왕과 석제환인과 범천과 정거천과 마혜수라*의 모든 천자 등이 모두 이런 생각을 하기를 '만약 보살의 신통과 지혜의 힘이 이와 같다면 부처님은 더구나 어떠하겠는가?'라고 하였다.

이때 해탈월보살이 모든 모인 대중의 마음에 생각하는 바를 알고 금강장보살에게 말하였다.

"불자여, 이제 이 대중이 그 보살의 신통과 지혜의 힘을 듣고 의심의 그물에 떨어져 있습니다.

훌륭하고 인자하신 이여, 저들의 의심을 끊어주기 위하여 마땅히 보살의 위신력과 장엄하는 일을 조금이라도 나타내 보여주십시오."

時 金剛藏菩薩 卽入一切佛國土體性三昧 入此三昧時 諸
菩薩 及一切大衆 皆自見身 在金剛藏菩薩身內 於中 悉見
三千大千世界 所有種種莊嚴之事 經於億劫 說不能盡 又
於其中 見菩提樹 其身周圍 十萬三千大千世界 高 百萬
三千大千世界 枝葉所蔭 亦復如是 稱樹形量 有獅子座
座上 有佛 號一切智通王 一切大衆 悉見其佛 坐菩提樹
下獅子座上 種種諸相 以爲莊嚴 假使億劫 說不能盡 金
剛藏菩薩 示現如是大神力已 還令衆會 各在本處

이때에 금강장보살이 곧 일체불국토체성삼매에 들었다.

이 삼매에 들 때에 모든 보살과 일체 대중이 다 자기의 몸이 금강장보살의 몸 안에 있음을 보고, 그 가운데 삼천대천세계에 있는 갖가지 장엄한 일이 모두 억겁이 지나도록 설하여도 다하지 못하는 것을 보았다.

또 그 가운데 보리수의 몸의 둘레가 십만 삼천대천세계나 되고, 높이는 백만 삼천대천세계나 되며, 가지와 잎의 그늘도 또한 다시 이와 같음을 보았다.

나무의 형상과 길이에 걸맞은 사자좌가 있고, 자리 위에는 일체지통왕(一切智通王)이라는 명호의 부처님이 계셨다.

일체 대중이 보니 그 부처님께서 보리수 아래의 사자좌 위에 앉으셔서 갖가지 모든 상으로 장엄한 것은 설사 억겁을 설하더라도 다하지 못하였다.

금강장보살이 이와 같은 큰 위신력을 나타내 보이기를 마치고 모인 대중으로 하여금 각각 본래의 처소에 돌아가게 하였다.

時諸大衆 得未曾有 生奇特想 默然而住 向金剛藏 一心
瞻仰 爾時 解脫月菩薩 白金剛藏菩薩言 佛子 今此三昧
甚爲希有 有大勢力 其名何等 金剛藏 言 此三昧 名一切
佛國土體性 又問此三昧 境界云何 答言 佛子 若菩薩 修
此三昧 隨心所念 能於身中 現恒河沙世界微塵數佛刹 復
過此數 無量無邊

이때에 모든 대중이 일찍이 한번도 없었던 일이어서 기이하고 특별하다는 생각을 내며, 묵연히 머물러 금강장보살을 향하여 한결같은 마음으로 우러러 바라보았다.

이때 해탈월보살이 금강장보살에게 말하였다.

"불자여, 지금 이 삼매에 매우 희유하고 큰 세력이 있으니 그 이름이 무엇입니까?"

금강장보살이 말하였다.

"이 삼매의 이름은 일체불국토체성입니다."

또 물었다.

"이 삼매의 경계는 어떠합니까?"

대답하여 말하였다.

"불자여, 만약 보살이 이 삼매를 닦으면 마음이 생각하는 바를 따라서 몸 가운데 항하사 세계의 가는 티끌 수만큼의 부처님세계를 나타내며, 다시 이 수를 지나서 한량이 없고 끝이 없습니다.

佛子 菩薩 住法雲地 得如是等無量百千諸大三昧故 此菩
薩身 身業 不可測知 語語業 意意業 神通自在 觀察三世
三昧境界 智慧境界 遊戲一切諸解脫門 變化所作 神力所
作 光明所作 略說乃至擧足下足 如是一切諸有所作 乃至
法王子 住善慧地菩薩 皆不能知 佛子 此法雲地菩薩 所有
境界 略說如是 若廣說者 假使無量百千阿僧祇劫 亦不能
盡 解脫月菩薩 言 佛子 若菩薩神通境界 如是 佛神通力
其復云何

불자여, 보살이 법운지에 머물러 이와 같은 등의 무량 백천의 모든 큰 삼매를 얻는 까닭으로 이 보살의 몸과 몸의 업을 헤아려 알 수 없고, 말과 말의 업, 뜻과 뜻의 업이 신통을 자재하며, 삼세를 관찰하는 삼매의 경계와 지혜의 경계로 일체 모든 해탈문을 유희하고, 변화로 짓는 것과 위신력으로 짓는 것과 광명으로 짓는 것과 간략히 설하면 발을 들고 발을 내리는 이와 같은 일체 모든 짓는 바를 더 나아가서 법왕자*로서 선혜지에 머무는 보살도 모두 알지 못합니다.

　불자여, 이 법운지 보살이 지닌 경계를 간략히 설하면 이와 같으나, 만약 널리 설하면 설사 무량 백천 아승기 수의 겁이라도 또한 다할 수 없습니다."

　해탈월보살이 말하였다.

　"불자여, 만약 보살의 신통 경계가 이와 같다면 부처님의 신통력은 또한 어떠합니까?"

金剛藏 言 佛子 譬如有人 於四天下 取一塊土 而作是言 爲無邊世界大地土 多 爲此土 多 我觀汝問 亦復如是 如來智慧 無邊無等 云何而與菩薩比量 復次佛子 如四天下 取小許土 餘者無量 此法雲地神通智慧 於無量劫 但說少分 況如來地 佛子 我今爲汝 引事爲證 令汝得知如來境界

금강장보살이 말하였다.

"불자여, 비유하면 어떤 사람이 사천하에서 한 흙덩이를 가지고 이런 말을 하기를 '끝없는 세계의 대지의 흙이 많겠는가? 이 흙이 많겠는가?'라고 하는 것과 같습니다.

내가 관하건대 그대의 물음 또한 이와 같아서 여래의 지혜는 끝없고 같을 이가 없거늘 어떻게 보살과 비교하여 말할 수 있겠습니까?

다시 불자여, 마치 사천하에서 조금의 흙을 취하면 나머지의 것은 한량이 없는 것과 같으니, 이 법운지의 신통과 지혜도 한량없는 겁에 다만 적은 부분을 설함이거늘 하물며 여래의 지위는 어떠하겠습니까?

불자여, 내가 이제 그대를 위하여 일을 이끌어 증명하여 그대로 하여금 여래의 경계를 알게 하겠습니다.

佛子 假使十方 一一方 各有無邊世界微塵數諸佛國土
一一國土 得如是地菩薩 充滿 如甘蔗竹葦稻麻叢林 彼諸
菩薩 於百千億那由他劫 修菩薩行 所生智慧 比一如來智
慧境界 百分不及一 乃至優波尼沙陀分 亦不能及 佛子 此
菩薩 住如是智慧 不異如來身語意業 不捨菩薩 諸三昧力
於無數劫 承事供養一切諸佛 一一劫中 以一切種供養之
具 而爲供養 一切諸佛神力所加 智慧光明 轉更增勝 於法
界中 所有問難 善爲解釋 百千億劫 無能屈者

불자여, 설사 시방의 낱낱 방위에 각각 끝없는 세계 가는 티끌 수 만큼의 모든 불국토가 있고 낱낱 국토에 이와 같은 지위를 얻은 보살이 가득하여 사탕수수와 대나무와 갈대와 벼와 삼대의 숲과 같습니다.

저 모든 보살이 백천억 나유타 수의 겁에 보살의 행을 닦아서 내는 지혜는 한 여래의 지혜 경계에 비하면 백분의 일에도 미치지 못하고, 더 나아가서 우파니사타 분에도 또한 미치지 못합니다.

불자여, 이 보살이 이와 같은 지혜에 머물러서 여래의 몸과 말과 뜻의 업과 다르지 않고, 보살의 모든 삼매의 힘을 버리지도 않으며, 셀 수 없는 겁에 일체 모든 부처님을 받들어 모시고 공양 올리되 낱낱의 겁 가운데 일체 종류의 공양구로 공양 올립니다.

일체 모든 부처님의 위신력의 가피로 지혜의 광명이 더욱더 뛰어나서 법계 가운데 모든 어려운 질문을 잘 해석함에 백천억 겁이라도 꺾을 이가 없습니다.

佛子 譬如金師 以上妙眞金 作嚴身具 大摩尼寶 鈿廁其
間 自在天王 身自服戴 其餘天人莊嚴之具 所不能及 此地
菩薩 亦復如是 始從初地 乃至九地 一切菩薩 所有智行
皆不能及 此地菩薩 智慧光明 能令衆生 乃至入於一切智
智 餘智光明 無能如是 佛子 譬如摩醯首羅天王光明 能
令衆生 身心清涼 一切光明 所不能及 此地菩薩 智慧光
明 亦復如是 能令衆生 皆得清涼 乃至住於一切智智

불자여, 비유하면 금을 단련하는 사람이 가장 훌륭한 진금으로 장엄구를 만들고 큰 마니 보배로 그 사이에 섞어 장식한 것을 자재천왕이 몸소 입고 쓰니 그 나머지 천인의 장신구로는 미치지 못하는 것과 같습니다.

이 지위의 보살도 또한 다시 이와 같아서 처음 초지로부터 제9지에 이르기까지 일체 보살의 모든 지혜의 행으로는 모두 미치지 못합니다.

이 지위 보살의 지혜의 광명은 중생으로 하여금 더 나아가서 일체지의 지혜에 들어가게 하니, 다른 지혜의 광명으로는 이와 같이 하지 못합니다.

불자여, 비유하면 마혜수라천왕의 광명은 중생으로 하여금 몸과 마음을 맑고 시원하게 하여서 일체 광명으로는 미칠 수 없는 것과 같이, 이 지위 보살의 지혜의 광명도 또한 다시 이와 같아서 중생으로 하여금 모두 맑고 시원함을 얻게 하며 더 나아가서 일체지의 지혜에 머물게 하니

一切聲聞辟支佛 乃至第九地菩薩 智慧光明 悉不能及 佛子 此菩薩摩訶薩 已能安住如是智慧 諸佛世尊 復更爲說 三世智 法界差別智 徧一切世界智 照一切世界智 慈念一切衆生智 擧要言之 乃至爲說得一切智智 此菩薩 十波羅蜜中 智波羅蜜 最爲增上 餘波羅蜜 非不修行 佛子 是名 略說菩薩摩訶薩 第十法雲地 若廣說者 假使無量阿僧祇 劫 亦不能盡

일체 성문과 벽지불과 더 나아가서 제9지 보살의 지혜의 광명으로도 모두 미치지 못합니다.

불자여, 이 보살마하살이 이미 이와 같은 지혜에 편안히 머무르니, 모든 부처님 세존께서 다시 삼세의 지혜와 법계의 차별 지혜와 일체 세계에 두루한 지혜와 일체 세계를 비추는 지혜와 일체 중생을 가엾이 생각하는 지혜를 설하시고, 요컨대 더 나아가서 일체지의 지혜를 얻음을 설하십니다.

이 보살이 십바라밀 가운데 지혜바라밀을 가장 더하지지만 나머지 바라밀을 닦아 행하지 않는 것은 아닙니다.

불자여, 이것을 보살마하살의 제10 법운지를 간략히 설한 것이라 이름하니, 만약 널리 말하면 설사 무량 아승기 수의 겁이라도 또한 다하지 못합니다.

佛子 菩薩 住此地 多作摩醯首羅天王 於法自在 能授衆生
聲聞獨覺一切菩薩波羅蜜行 於法界中 所有問難 無能屈
者 布施愛語利行同事 如是一切諸所作業 皆不離念佛 乃
至不離念具足一切種 一切智智 復作是念 我當於一切衆
生 爲首 爲勝 乃至爲一切智智依止者 若勤加精進 於一
念頃 得十不可說百千億那由他佛刹微塵數三昧 乃至示現
爾所微塵數菩薩 以爲眷屬 若以菩薩殊勝願力 自在示現
過於此數

불자여, 보살이 이 지위에 머물러 흔히 마혜수라천왕이 되어 법에 자재하여 중생과 성문과 독각에게 일체 보살의 바라밀행을 주며, 법계 가운데 모든 어려운 질문으로는 꺾을 이가 없습니다.

　보시와 애어와 이행과 동사, 이와 같이 일체 모든 짓는 업은 모두 부처님을 생각하는 것을 여의지 않고, 더 나아가서 일체종과 일체지의 지혜를 구족하려는 생각을 여의지 않는 것입니다.

　다시 이런 생각을 하기를 '내가 일체 중생에게 으뜸이 되고, 뛰어남이 되며, 더 나아가서 일체지의 지혜에 의지하는 이가 되리라.'라고 합니다.

　만약 부지런히 정진하면 온통인 생각으로 십 불가설 백천억 나유타 수의 부처님세계 가는 티끌 수 만큼의 삼매를 얻고, 더 나아가서 저러한 가는 티끌 수 만큼의 보살을 나타내 보여 권속으로 삼으며, 만약 보살의 수승한 원력으로 자재하게 나타내 보이면 이 수를 넘으니,

所謂若修行 若莊嚴 若信解 若所作 若身 若語 若光明 若
諸根 若神變 若音聲 若行處 乃至百千億那由他劫 不能數
知 佛子 此菩薩摩訶薩 十地行相 次第現前 則能趣入一
切智智 譬如阿耨達池 出四大河 其河流注 徧閻浮提 旣
無盡竭 復更增長 乃至入海 令其充滿 佛子 菩薩 亦爾 從
菩提心 流出善根大願之水 以四攝法 充滿衆生 無有窮盡
復更增長 乃至入於一切智海 令其充滿

닦아 행함과 장엄함과 믿어 앎과 짓는 바와 몸과 말과 광명과 모든 근과 신통변화와 음성과 행하는 곳을 백천억 나유타 수의 겁에 이르기까지 세어도 알 수 없습니다.

불자여, 이 보살마하살이 십지의 행상이 차례로 목전에 나타나면 곧 일체지의 지혜에 들어갑니다.

비유하면 아뇩달이라는 못에서 네 개의 큰 강*이 흘러나와 그 강이 염부제에 두루 하여 없어지지 않고 다시 더욱 더하여 더 나아가서 바다로 들어가 그로 하여금 가득 차게 하는 것과 같습니다.

불자여, 보살도 또한 그러하여 보리심으로부터 선근과 대원의 물이 흘러나와서 사섭법으로 중생을 가득 채우고도 다함이 없어 다시 더욱 더하고 더 나아가서 일체 지혜의 바다로 들어가 가득 차게 합니다.

佛子 菩薩十地 因佛智故 而有差別 如因大地 有十山王
何等 爲十 所謂雪山王 香山王 鞞陀梨山王 神仙山王 由乾
陀山王 馬耳山王 尼民陀羅山王 斫羯羅山王 計都末底山
王 須彌盧山王 佛子 如雪山王 一切藥草 咸在其中 取不
可盡 菩薩所住歡喜地 亦復如是 一切世間經書技藝文頌
呪術 咸在其中 說不可盡 佛子 如香山王 一切諸香 咸集
其中 取不可盡 菩薩所住離垢地 亦復如是 一切菩薩 戒
行威儀 咸在其中 說不可盡

불자여, 보살의 십지가 부처님의 지혜로 인하여 차별이 있는 것이 마치 대지로 인하여 열 산왕이 있는 것과 같습니다.

어떤 것을 열이라 합니까? 설산왕과 향산왕과 비타리산왕과 신선산왕과 유건타산왕과 마이산왕과 니민타라산왕과 작갈라산왕과 계도말저산왕과 수미로산왕입니다.

불자여, 마치 설산왕은 일체의 약초가 모두 그 가운데 있어서 취해도 다할 수 없듯이, 보살이 머무는 환희지도 또한 다시 이와 같아서 일체 세간의 경서와 기예와 글과 게송과 주술이 모두 그 가운데 있어 말로는 다할 수 없습니다.

불자여, 마치 향산왕은 일체 모든 향이 모두 그 가운데 모여서 취해도 다할 수 없듯이, 보살이 머무는 이구지도 또한 다시 이와 같아서 일체 보살의 계행과 위의가 모두 그 가운데 있어 말로는 다할 수 없습니다.

佛子 如鞞陀梨山王 純寶所成 一切衆寶 咸在其中 取不可
盡 菩薩所住發光地 亦復如是 一切世間禪定神通解脫三
昧三摩鉢底 咸在其中 說不可盡 佛子 如神仙山王 純寶所
成 五通神仙 咸住其中 無有窮盡 菩薩所住焰慧地 亦復
如是 一切道中殊勝智慧 咸在其中 說不可盡 佛子 如由乾
陀羅山王 純寶所成 夜叉大神 咸住其中 無有窮盡 菩薩所
住難勝地 亦復如是 一切自在如意神通 咸在其中 說不可
盡

불자여, 마치 비타리산왕은 순수한 보배로 이루어져 일체 여러 보배가 모두 그 가운데 있어서 취해도 다할 수 없듯이, 보살이 머무는 발광지도 또한 다시 이와 같아서 일체 세간의 선정과 신통과 해탈과 삼매와 삼마발저가 모두 그 가운데 있어 말로는 다할 수 없습니다.

불자여, 마치 신선산왕은 순수한 보배로 이루어져 오신통을 지닌 신선이 모두 그 가운데 머물러서 다함이 없듯이, 보살이 머무는 염혜지도 또한 다시 이와 같아서 일체 도 가운데 수승한 지혜가 모두 그 가운데 있어 말로는 다할 수 없습니다.

불자여, 마치 유건타라산왕은 순수한 보배로 이루어져 야차의 큰 신이 모두 그 가운데 머물러서 다함이 없듯이, 보살이 머무는 난승지도 또한 다시 이와 같아서 일체에 자재하고 뜻과 같은 신통이 모두 그 가운데 있어 말로는 다할 수 없습니다.

佛子 如馬耳山王 純寶所成 一切諸果 咸在其中 取不可盡
菩薩所住現前地 亦復如是 入緣起理 聲聞果證 咸在其中
說不可盡 如尼民陀羅山王 純寶所成 大力龍神 咸住其中
無有窮盡 菩薩所住遠行地 亦復如是 方便智慧獨覺果證
咸在其中 說不可盡 如斫羯羅山王 純寶所成 諸自在衆 咸
住其中 無有窮盡 菩薩所住不動地 亦復如是 一切菩薩 自
在行差別世界 咸在其中 說不可盡

불자여, 마치 마이산왕은 순수한 보배로 이루어져 일체 모든 과위가 모두 그 가운데 있어서 취해도 다할 수 없듯이, 보살이 머무는 현전지도 또한 다시 이와 같아서 연기의 이치에 들어가 성문과를 증득하는 것이 모두 그 가운데 있어 말로는 다할 수 없습니다.

마치 니민타라산왕은 순수한 보배로 이루어져 큰 힘의 용신이 모두 그 가운데 머물러서 다함이 없듯이, 보살이 머무는 원행지도 또한 다시 이와 같아서 방편과 지혜로 독각과를 증득하는 것이 모두 그 가운데 있어 말로는 다할 수 없습니다.

마치 작갈라산왕은 순수한 보배로 이루어져 모든 자재한 무리가 모두 그 가운데 머물러 다함이 없듯이, 보살이 머무는 부동지도 또한 다시 이와 같아서 일체 보살의 자재한 행과 차별된 세계가 모두 그 가운데 있어서 말로는 다할 수 없습니다.

如計都山王　純寶所成　大威德阿修羅王　咸住其中　無有窮
盡　菩薩所住善慧地　亦復如是　一切世間生滅智行　咸在其
中　說不可盡　如須彌盧山王　純寶所成　大威德諸天　咸住其
中　無有窮盡　菩薩所住法雲地　亦復如是　如來力無畏不共
法一切佛事　咸在其中　問答宣說　不可窮盡　佛子　此十寶山
王　同在大海　差別得名　菩薩十地　亦復如是　同在一切智中
差別得名

마치 계도말저산왕은 순수한 보배로 이루어져 큰 위덕의 아수라왕이 모두 그 가운데 머물러서 다함이 없듯이, 보살이 머무는 선혜지도 또한 다시 이와 같아서 일체 세간의 나고 멸하는 지혜의 행이 모두 그 가운데 있어 말로는 다할 수 없습니다.

마치 수미로산왕은 순수한 보배로 이루어져 큰 위덕의 모든 천상이 모두 그 가운데 머물러서 다함이 없듯이, 보살이 머무는 법운지도 또한 다시 이와 같아서 여래의 십력과 사무외와 불공불법과 일체 부처님의 일이 모두 그 가운데 있어 묻고 답하며 널리 펴 설하여도 다할 수 없습니다.

불자여, 이 열 가지 보배의 산왕이 큰 바다에 함께 있지만 차별된 이름을 얻고, 보살의 십지도 또한 다시 이와 같아서 일체 지혜 가운데 함께 있지만 차별된 이름을 얻습니다.

佛子 譬如大海 以十種相 得大海名 不可移奪 何等 爲十
一 次第漸深 二 不受死屍 三 餘水入中 皆失本名 四 普
同一味 五 無量珍寶 六 無能至底 七 廣大無量 八 大身
所居 九 潮不過限 十 普受大雨 無有盈溢

불자여, 비유하면 큰 바다는 열 가지 상으로 큰 바다의 이름을 얻으니 바꾸거나 빼앗을 수 없는 것과 같습니다.

어떤 것을 열 가지라 합니까? 첫째는 차례로 점점 깊어지는 것이고, 둘째는 죽은 시체를 받아들이지 않는 것이며, 셋째는 다른 물이 중도에 들어가서 모두 본래의 이름을 잃는 것이고, 넷째는 널리 한 맛이며, 다섯째는 한량없는 진귀한 보배이고, 여섯째는 바닥에 이르를 수 없는 것이며, 일곱째는 광대하여 한량없는 것이고, 여덟째는 큰 몸이 사는 곳이며, 아홉째는 조수가 한계를 넘지 않는 것이고, 열째는 널리 큰 비를 받아들여도 넘치지 않는 것입니다.

菩薩行 亦復如是 以十相故 名菩薩行 不可移奪 何等 爲
十 所謂歡喜地 出生大願 漸次深故 離垢地 不受一切破
戒屍故 發光地 捨離世間假名字故 焰慧地 與佛功德 同
一味故 難勝地 出生無量方便神通 世間所作衆珍寶故 現
前地 觀察緣生甚深理故 遠行地 廣大覺慧 善觀察故 不
動地 示現廣大莊嚴事故 善慧地 得深解脫 行於世間 如
實而知 不過限故 法雲地 能受一切諸佛如來 大法明雨
無厭足故

보살의 행도 또한 다시 이와 같아서 열 가지 상으로 보살의 행을 이름하니 바꾸거나 빼앗을 수 없습니다.

　어떤 것을 열 가지라 합니까? 대원을 내어 점차로 깊어지는 까닭으로 환희지라 하고, 일체 계를 무너뜨린 시체를 받아들이지 않는 까닭으로 이구지라 하며, 세간의 거짓 이름을 여의는 까닭으로 발광지라 하고, 부처님의 공덕과 더불어 동일한 맛인 까닭으로 염혜지라 하며, 한량없는 방편과 신통으로 세간에서 만드는 온갖 진귀한 보배를 내는 까닭으로 난승지라 하고, 인연으로 생기는 매우 깊은 이치를 관찰하는 까닭으로 현전지라 하며, 광대하게 깨닫는 지혜를 잘 관찰하는 까닭으로 원행지라 하고, 광대하게 장엄하는 일을 나타내 보이는 까닭으로 부동지라 하며, 깊은 해탈을 얻어 세간에서 행하되 여실하게 알아서 한계를 넘지 않는 까닭으로 선혜지라 하고, 일체 모든 부처님 여래의 큰 법의 밝은 비를 받아들이되 만족하지 않는 까닭으로 법운지라 합니다.

佛子 譬如大摩尼珠 有十種性 出過衆寶 何等 爲十 一者
從大海出 二者 巧匠治理 三者 圓滿無缺 四者 清淨離垢
五者 內外明徹 六者 善巧鑽穿 七者 貫以寶縷 八者 置在
琉璃高幢之上 九者 普放一切種種光明 十者 能隨王意
雨衆寶物 如衆生心 充滿其願 佛子 當知菩薩 亦復如是
有十種事 出過衆聖 何等 爲十 一者 發一切智心

불자여, 비유하면 큰 마니주의 열 가지 성질이 여러 보배보다 뛰어난 것과 같습니다.

어떤 것을 열 가지라 합니까? 첫째는 큰 바다에서 나왔고, 둘째는 공교한 장인이 다듬었으며, 셋째는 원만하여 결함이 없고, 넷째는 청정하여 때를 여의었으며, 다섯째는 안과 밖이 투명하게 밝고, 여섯째는 공교하게 구멍을 뚫었으며, 일곱째는 보배실로 꿰었고, 여덟째는 유리로 만든 높은 당기 위에 걸었으며, 아홉째는 널리 일체의 갖가지 광명을 놓고, 열째는 왕의 뜻에 따라 온갖 보물을 비 내리듯 하여 중생의 마음과 같이 그 원을 가득차게 합니다.

불자여, 보살도 또한 다시 이와 같아서 열 가지 일이 여러 성현보다 뛰어난 줄 알아야 하니, 어떤 것을 열 가지라 합니까? 첫째는 일체 지혜의 마음을 발하는 것이고,

二者 持戒頭陀 正行明淨 三者 諸禪三昧 圓滿無缺 四者
道行 淸白 離諸垢穢 五者 方便神通 內外明徹 六者 緣起
智慧 善能鑽穿 七者 貫以種種方便智縷 八者 置於自在高
幢之上 九者 觀衆生行 放聞持光 十者 受佛智職 墮在佛
數 能爲衆生 廣作佛事 佛子 此集一切種一切智功德菩薩
行法門品 若諸衆生 不種善根 不可得聞

둘째는 계율을 지켜 두타의 바른 행이 밝고 깨끗한 것이며, 셋째는 모든 선정과 삼매가 원만하여 결함이 없는 것이고, 넷째는 도의 행이 맑고 밝아 모든 더러운 때를 여의는 것이며, 다섯째는 방편과 신통이 안팎으로 사무치게 밝은 것이고, 여섯째는 연기의 지혜로 잘 꿰뚫는 것이며, 일곱째는 갖가지 방편과 지혜라는 실로 꿰는 것이고, 여덟째는 자재하게 높은 당기 위에 걸어두는 것이며, 아홉째는 중생의 행을 관하여 듣고 지니는 광명을 놓는 것이고, 열째는 부처님 지혜의 직위를 받아 부처님의 수효에 들어가 중생을 위하여 널리 불사를 짓는 것입니다.

불자여, 이 일체종과 일체 지혜의 공덕을 모으는 보살행의 법문품은 만약 모든 중생이 선근을 심지 않으면 듣지 못합니다."

解脫月菩薩 言 聞此法門 得幾所福 金剛藏菩薩 言 如一
切智所集福德 聞此法門 福德如是 何以故 非不聞此功德
法門 而能信解受持讀誦 何況精進 如說修行 是故當知
要得聞此集一切智功德法門 乃能信解受持修習 然後 至
於一切智地 爾時 佛神力故 法如是故 十方各有十億佛刹
微塵數世界 六種十八相動 所謂動 徧動 等徧動 起 徧起

해탈월보살이 말하였다.

"이 법문을 듣는다면 얼마나 되는 복을 얻겠습니까?"

금강장보살이 말하였다.

"일체 지혜를 모으는 복덕과 같이 이 법문을 듣는 복덕도 이와 같습니다.

무슨 까닭이겠습니까? 이 공덕의 법문을 듣지 않고는 믿어 알아서 받아 지녀 읽고 외울 수 없는데 하물며 정진하고 설한대로 닦아 행할 수 있겠습니까?

이런 까닭으로 반드시 이 일체 지혜와 공덕을 모으는 법문을 듣고 나서야 이에 믿어 알고, 받아 지니며, 닦아 익힐 것이니, 그런 후에야 일체 지혜의 지위에 이르름을 알 것입니다."

이때 부처님의 위신력인 까닭과 법이 이러-한 까닭으로 시방의 각각 십억 부처님세계 가는 티끌 수 만큼의 세계가 육종 십팔상으로 진동하니, 움직임과 두루 움직임과 두루 나란히 움직임이고, 일어남과 두루 일어남과

等徧起 涌 徧涌 等徧涌 震 徧震 等徧震 吼 徧吼 等徧吼
擊 徧擊 等徧擊 雨衆天華 天鬘 天衣 及諸天寶莊嚴之具
幢幡繒蓋 奏天妓樂 其音和雅 同時發聲 讚一切智地 所
有功德 如此世界他化自在天王宮 演說此法 十方所有一切
世界 悉亦如是 爾時 復以佛神力故 十方各十億佛刹微塵
數世界外 有十億佛刹微塵數菩薩 而來此會 作如是言

두루 나란히 일어남이며, 솟아오름과 두루 솟아오름과 두루 나란히 솟아오름이고, 흔들림과 두루 흔들림과 두루 나란히 흔들림이며, 포효하는 것과 두루 포효하는 것과 두루 나란히 포효하는 것이고, 치는 것과 두루 치는 것과 두루 나란히 치는 것이다.

여러 천상의 꽃과 천상의 화만과 천상의 옷과 모든 천상의 보배장엄구와 당기와 번기와 비단 일산을 비 내리듯 하고, 천상의 기악을 연주하니 그 소리가 온화하고 아름다우며, 동시에 소리를 내어 일체 지혜의 지위에 있는 공덕을 찬탄하고, 이 세계의 타화자재천왕궁에서 이 법을 널리 펴 설하는 것과 같이 시방에 있는 일체 세계에서도 다 또한 이와 같았다.

이때 다시 부처님의 위신력으로 시방의 각각 십억 부처님세계 가는 티끌 수 만큼의 세계 밖에 십억 부처님세계 가는 티끌 수 만큼의 보살들이 이 모임에 와서 이와 같이 말하였다.

善哉善哉 金剛藏 快說此法 我等 悉亦同名金剛藏 所住世界 各各差別 悉名金剛德 佛號 金剛幢 我等 住在本世界中 皆承如來威神之力 而說此法 衆會悉等 文字句義 與此所說 無有增減 悉以佛神力 而來此會 爲汝作證 如我等 今者 入此世界 如是十方一切世界 悉亦如是 而往作證

"훌륭하고 훌륭하십니다. 금강장이여, 이 법을 잘 설하셨습니다.

우리들의 이름도 모두 같이 금강장이고, 머무는 세계가 각각 다르지만 모두 이름이 금강덕이며, 부처님의 명호는 금강당입니다.

우리들이 본래 세계 가운데 머물러 있으면서 다 여래의 위신력을 받아서 이 법을 설하니 모인 대중들도 모두 같으며, 문자와 글귀와 뜻도 이곳에서 설한 바와 더불어 더하고 덜함이 없습니다.

모두 부처님의 위신력으로 이 모임에 와서 그대를 위하여 증명하니, 마치 우리들이 지금 이 세계에 들어온 것과 같이 시방의 일체 세계에서도 다 또한 이와 같이 가서 증명을 합니다."

爾時 金剛藏菩薩 觀察十方一切衆會 普周法界 欲讚歎發
一切智智心 欲示現菩薩境界 欲淨治菩薩行力 欲說攝取
一切種智道 欲除滅一切世間垢 欲施與一切智 欲示現不
思議智莊嚴 欲顯示一切菩薩諸功德 欲令如是地義 轉更
開顯 承佛神力 而說頌言

其心寂滅恒調順
平等無礙如虛空
離諸垢濁住於道
此殊勝行汝應聽

이때 금강장보살이 시방의 일체 대중의 모임이 법계에 널리 두루함을 관찰하니, 일체지의 지혜를 발하는 마음을 찬탄하고자 하고, 보살의 경계를 나타내 보이고자 하며, 보살의 행하는 힘을 깨끗하게 다스리고자 하고, 일체종지를 거두어 지니는 도를 설하고자 하며, 일체 세간의 때를 멸하여 없애고자 하고, 일체 지혜를 베풀어 주고자 하며, 부사의한 지혜의 장엄을 나타내 보이고자 하고, 일체 보살의 모든 공덕을 나타내 보이고자 하며, 이와 같은 지위의 뜻을 더욱더 새롭게 열어 나타내고자 하여 부처님의 위신력을 받아서 게송으로 말하였다.

  그 마음이 적멸하여 항상 고르고 유순해서
  평등하고 걸림 없기가 허공과 같으며
  모든 더러운 때를 여의어 도에 머무르니
  이 수승한 행을 그대들은 들으라

百千億劫修諸善
供養無量無邊佛
聲聞獨覺亦復然
爲利衆生發大心

精勤持戒常柔忍
慚愧福智皆具足
志求佛智修廣慧
願得十力發大心

三世諸佛咸供養
一切國土悉嚴淨
了知諸法皆平等
爲利衆生發大心

백천억 겁 동안 모든 착함을 닦아서
한량없고 끝없는 부처님께 공양 올리고
성문과 독각들도 또한 다시 그러하여
중생을 이익 되게 하기 위해 큰마음을 발해야 하네

부지런히 계를 지켜 항상 참고 편안하며
부끄러움과 복과 지혜를 모두 구족하여
부처님의 지혜를 구하는 뜻으로 넓은 지혜를 닦아서
십력 얻기를 서원하는 큰마음을 발하네

삼세 모든 부처님께 다 공양 올리고
일체 국토를 다 청정하게 장엄하며
모든 법이 다 평등함을 분명하게 알아서
중생을 이익 되게 하기 위해 큰마음을 발하네

住於初地生是心
永離衆惡常歡喜
願力廣修諸善法
以悲愍故入後位

戒聞具足念衆生
滌除垢穢心明潔
觀察世間三毒火
廣大解者趣三地

三有一切皆無常
如箭入身苦熾然
厭離有爲求佛法
廣大智人趣焰地

초지에 머물러 이런 마음을 내고
온갖 악을 영원히 여의어 항상 환희하며
원력으로 모든 선법을 널리 닦아서
가엾이 여기는 까닭으로 다음 지위에 들어가네

계를 듣고 구족하여서 중생을 생각하고
더러운 때를 씻어 없애니 마음이 밝고 깨끗해져서
세간의 삼독의 불을 관찰하여
광대하게 아는 이가 제3지에 나아가네

삼유의 일체가 모두 무상하여
화살이 몸에 들어간 것과 같이 괴로움이 활활 타오르니
유위를 싫어하여 여의고 불법을 구하는
광대한 지혜를 가진 이가 염혜지에 나아가네

念慧具足得道智
供養百千無量佛
常觀最勝諸功德
斯人趣入難勝地

智慧方便善觀察
種種示現救衆生
復供十力無上尊
趣入無生現前地

世所難知而能知
不受於我離有無
法性本寂隨緣轉
得此微妙向七地

생각하는 지혜를 구족하여 도의 지혜를 얻어서
백천 무량 수의 부처님께 공양 올리고
가장 뛰어난 모든 공덕을 항상 관하는
이 사람이 난승지에 들어가네

지혜와 방편으로 잘 관찰하여서
갖가지로 나타내 보여 중생을 구제하고
다시 십력의 부처님〔無上尊〕께 공양을 올려
남이 없는 현전지에 들어가네

세간에서 알기 어려운 바를 알아
나라는 것을 받아들이지 않고 있고 없음을 여의며
법성이 본래 공적하나 연을 따라 구르는
이 미묘함을 얻어 제7지를 향하네

智慧方便心廣大
難行難伏難了知
雖證寂滅勤修習
能趣如空不動地

佛勸令從寂滅起
廣修種種諸智業
具十自在觀世間
以此而昇善慧地

以微妙智觀衆生
心行業惑等稠林
爲欲化其令趣道
演說諸佛勝義藏

지혜와 방편과 광대한 마음은
행하기 어렵고 조복하기 어려우며 분명히 알기 어려워
비록 적멸을 증득하였더라도 부지런히 닦아 익히면
허공과 같은 부동지에 나아가네

부처님께서 권하심을 따라 적멸함에서 일어나
갖가지 모든 지혜의 업을 널리 닦아서
열 가지 자재함을 갖추어 세간을 관하는
이것으로써 선혜지에 오르네

미묘한 지혜로 중생들을 관하니
마음의 행과 업의 미혹함이 빽빽한 숲과 같아서
그들을 교화하여 도에 나아가게 하고자
모든 부처님의 뛰어난 뜻의 보배장을 널리 펴 설하네

次第修行具衆善
乃至九地集福慧
常求諸佛最上法
得佛智水灌其頂

獲得無數諸三昧
亦善了知其作業
最後三昧名受職
住廣大境恒不動

菩薩得此三昧時
大寶蓮華忽然現
身量稱彼於中坐
佛子圍遶同觀察

차례로 닦아 행하여 온갖 착함을 갖추고
제9지에 이르러 복과 지혜를 모아
항상 모든 부처님의 가장 높은 법을 구하니
부처님 지혜의 물을 그 정수리에 부으시네

셀 수 없는 모든 삼매를 얻고
또한 그 짓는 업을 분명하게 아는
최후의 삼매를 이름하여 직위를 받는 것이라 하니
광대한 경계에 머물러 항상 움직임이 없네

보살이 이 삼매를 얻을 때
홀연히 나타난 큰 보배연꽃이
몸의 크기에 알맞아 그 가운데 앉으니
불자들이 에워싸서 함께 관찰하네

放大光明百千億

滅除一切衆生苦

復於頂上放光明

普入十方諸佛會

悉住空中作光網

供養佛已從足入

卽時諸佛悉了知

今此佛子登職位

十方菩薩來觀察

受職大士舒光照

諸佛眉間亦放光

普照而來從頂入

백천억의 큰 광명을 놓아서
일체 중생의 괴로움을 멸하여 없애고
또 정수리 위에서 광명을 놓아
시방의 모든 부처님 회상에 두루 들어가네

모두 허공 가운데 머물러 광명의 그물이 되어서
부처님께 공양 올리고 발밑으로 들어가니
즉시 모든 부처님께서
이 불자들이 이제 직위의 지위에 오르는 것을 다 밝게 아시네

시방의 보살들이 와서 관찰하니
직위를 받은 보살들이 광명을 펴서 비추고
모든 부처님께서 미간에서 또 광명을 놓아
널리 비추고 돌아와 정수리로 들어가네

十方世界咸震動
一切地獄苦消滅
是時諸佛與其職
如轉輪王第一子

若蒙諸佛與灌頂
是則名登法雲地
智慧增長無有邊
開悟一切諸世間

欲界色界無色界
法界世界衆生界
有數無數及虛空
如是一切咸通達

시방 세계가 모두 진동하고
일체 지옥의 괴로움이 소멸하자
이때에 모든 부처님께서 그 직위를 주시니
마치 전륜성왕의 태자가 되는 것과 같네

만약 모든 부처님께서 관정하시면
이것을 곧 법운지에 오른 것이라 이름하니
지혜가 더욱 더하여 끝이 없어서
일체 모든 세간을 깨닫게 하네

욕계와 색계와 무색계와
법계와 세계와 중생계와
셀 수 있는 것과 셀 수 없는 것과 허공과
이와 같은 일체 것을 다 통달하네

一切化用大威力
諸佛加持微細智
祕密劫數毛道等
皆能如實而觀察

受生捨俗成正道
轉妙法輪入涅槃
乃至寂滅解脫法
及所未說皆能了

菩薩住此法雲地
具足念力持佛法
譬如大海受龍雨
此地受法亦復然

일체를 교화하는 큰 위력으로
모든 부처님의 가지*와 미세한 지혜와
비밀함과 겁의 수효와 범부들까지
모두 여실하게 관찰하네

태어남과 세속을 버림과 바른 도를 이룸과
묘한 법륜을 굴림과 열반에 듦과
더 나아가서 적멸한 해탈법과
아직 설하지 않은 것까지도 모두 아네

보살이 이 법운지에 머물러서는
생각하는 힘을 구족하여 불법을 지니니
비유하면 큰 바다가 용의 비를 받아들이듯
이 지위에서 법을 받아들임도 또한 다시 그러하네

十方無量諸衆生
悉得聞持持佛法
於一佛所所聞法
過於彼數無有量

以昔智願威神力
一念普徧十方土
霍甘露雨滅煩惱
是故佛說名法雲

神通示現徧十方
超出人天世間境
復過是數無量億
世智思惟必迷悶

시방의 한량없는 모든 중생이
모두 듣고 지님을 얻어서 불법을 지닌다 하더라도
한 부처님 처소에서 들은 법은
저 수를 지나서 한량이 없네

옛적의 지혜와 서원과 위신력으로
온통인 생각에 시방의 국토를 두루 하게 하여
감로의 비를 내려 번뇌를 소멸하니
이런 까닭으로 부처님께서 법운이라 이름하시네

신통을 나타내 보임이 시방에 두루 하여
인간과 천상과 세간의 경계를 초월하고
다시 이 수를 지나서 무량 억이니
세간의 지혜로 사유하면 반드시 미혹하여 번민하네

一舉足量智功德
乃至九地不能知
何況一切諸衆生
及以聲聞辟支佛

此地菩薩供養佛
十方國土悉周徧
亦供現前諸聖衆
具足莊嚴佛功德

住於此地復爲說
三世法界無礙智
衆生國土悉亦然
乃至一切佛功德

발을 한 번 드는 지혜와 공덕을
제9지에 이르러서도 알 수 없는데
하물며 일체 모든 중생과
성문과 벽지불은 어떻겠는가

이 지위의 보살이 부처님께 공양 올리고
시방의 국토에 모두 두루 하며
또한 목전에 나타난 모든 성현께 공양 올려서
부처님 공덕의 장엄을 구족하네

이 지위에 머물러 다시
삼세와 법계에 걸림 없는 지혜를 설하고
중생과 국토도 다 또한 그러하여
일체 부처님의 공덕에까지 이르르네

此地菩薩智光明
能示衆生正法路
自在天光除世暗
此光滅暗亦如是

住此多作三界王
善能演說三乘法
無量三昧一念得
所見諸佛亦如是

此地我今已略說
若欲廣說不可盡
如是諸地佛智中
如十山王嶷然住

이 지위의 보살이 지혜의 광명으로
중생들에게 정법의 길을 보이니
자재천의 광명은 세간의 어둠을 없애고
이 광명도 또한 이와 같이 어둠을 멸하네

이 지위에 머물러 흔히 삼계의 왕이 되어
삼승의 법을 널리 펴 설하고
온통인 생각으로 한량없는 삼매를 얻으니
모든 부처님을 친견하는 것도 또한 이와 같네

이 지위를 내가 이제 간략히 설하였으나
만약 널리 설하고자 한다면 다할 수 없으리니
이와 같은 모든 지위는 부처님 지혜 가운데
마치 열 산왕과 같이 우뚝 솟아 있네

初地藝業不可盡
譬如雪山集衆藥
二地戒聞如香山
三如鞞陀發妙華

焰慧道寶無有盡
譬如仙山仁善住
五地神通如由乾
六如馬耳具衆果

七地大慧如尼民
八地自在如輪圍
九如計都集無礙
十如須彌具衆德

초지는 기예의 업을 다할 수 없음이
비유하면 설산에 온갖 약초가 모이는 것과 같고
제2지는 계율을 들음이 향산과 같으며
제3지는 비타리산에 묘한 꽃이 피는 것과 같고

염혜지는 도의 보배가 다함 없음이
비유하면 신선산에 어질고 착한 이가 머무는 것과 같으며
제5지는 신통이 유건타라산과 같고
제6지는 온갖 과일을 갖춘 마이산과 같으며

제7지는 큰 지혜가 니민타라산과 같고
제8지는 자재함이 윤위산과 같으며
제9지는 걸림 없는 모임이 계도산과 같고
제10지는 온갖 덕을 갖춘 수미산과 같네

初地願首二持戒
三地功德四專一
五地微妙六甚深
七廣大慧八莊嚴

九地思量微妙義
出過一切世間道
十地受持諸佛法
如是行海無盡竭

十行超世發心初
持戒第二禪第三
行淨第四成就五
緣生第六貫穿七

초지는 서원이 으뜸이고 제2지는 계율이며
제3지는 공덕이고 제4지는 한결같음이며
제5지는 미묘함이고 제6지는 매우 깊음이며
제7지는 광대한 지혜이고 제8지는 장엄이며

제9지는 미묘한 뜻을 헤아려
일체 세간의 도를 초월함이고
제10지는 모든 불법을 받아 지님이니
이와 같은 수행의 바다는 다하여 마르지 않네

열 가지 행으로 세간을 초월하니 마음을 발함은 초지이고
계를 지킴은 제2지이며 선정은 제3지이고
행이 깨끗함은 제4지이며 성취함은 제5지이고
연이 생김은 제6지이며 꿰뚫음은 제7지이고

第八置在金剛幢
第九觀察衆稠林
第十灌頂隨王意
如是德寶漸淸淨

十方國土碎爲塵
可於一念知其數
毫末度空可知量
億劫說此不可盡

제8지는 금강의 당기 위에 둠이며
제9지는 온갖 빽빽한 숲을 관찰함이고
제10지는 관정을 받아 왕의 뜻을 따름이니
이와 같이 공덕의 보배가 점차 청정해지네

시방의 국토를 부수어 티끌로 만들어도
온통인 생각으로 그 수를 알 수 있고
털끝으로 허공을 재어도 그 양을 알 수 있지만
억겁 동안 설하여도 이를 다할 수 없네

농선 대원 선사 결문

농선 대원 선사 결문(決文)

문 : 보살 십지를 선지(禪旨)로 보여 주십시오.

답 : (장지로 방을 한 번 튕기다)

⌢ 미주

* 가지(加持) : 부처가 자비심으로 중생을 보호하는 것. 가(加)
  는 가피(加被), 지(持)는 섭지(攝持)하여 보호하고 지켜주는
  것을 말한다. 부처님의 위신력 뿐만 아니라 사람과 사람, 사람
  과 법 사이에 있어서 불가사의한 작용, 신비한 주술의 힘 등을
  의미한다.
* 네 개의 큰 강[四大河] : 염부제(閻浮提)에 있다고 하는 네 개
  의 큰 강. 아뇩달지에서 동서남북으로 흘러나오는 긍가(恆伽)·
  신두(新頭)·박차(博叉)·사타(私陀)를 말한다.
* 마혜수라(摩醯首羅) : 산스크리트어 maheśvara의 음역이다. 자
  재천, 즉 색구경천(色究竟天)에 사는 천왕의 이름을 말한다.
* 백상보(白象寶) : 전륜성왕이 갖춘 칠보(七寶) 중 하나인 흰
  빛 코끼리. 상보(象寶)라고도 한다.
* 법왕자(法王子) : 산스크리트어 kumārabhūta의 음역이다. 다음
  단계에 불과(佛果)에 이르르는 보살을 말한다. 세간의 국왕에
  게 왕자가 있듯이 부처님을 법왕이라 함에 대하여 법왕자라 한
  다. 특히 문수·미륵 등의 보살을 가리켜 법왕자라 하며, 동진
  (童眞)이라고도 한다.
* 법운지(法雲地) : 보살 52계위 가운데 십지 중 제10지. 구름
  과 같은 지혜로 허공을 덮어 감로와 같은 비를 내린다 하여 법

운이라 하며, 법신을 얻고 자재력을 갖춘 보살의 가장 높은 지위를 말한다. 지장보살, 관세음보살, 문수보살, 보현보살 그리고 미륵보살이 대표적인 10지 보살이다.

* 찰리(刹利) : 산스크리트어 kṣatriya의 음역이다. 찰제리(刹帝利)의 준말. 토지의 주인[土田主]이라는 뜻이다. 인도의 4성(姓) 중 하나로서 다른 3성(姓)을 지배하는 왕종(王種)이고 무사계급으로 전쟁에 종사한다. 최상 계급인 바라문 다음의 지위를 갖는다.

* 해인삼매(海印三昧) : 부처님께서 화엄경을 설할 때 든 삼매. 고요한 바다에 삼라만상이 비치듯 번뇌가 끊어진 부처의 마음 가운데 삼세의 모든 법이 분명하게 드러나는 삼매를 말한다. 해인정(海印定)이라고도 한다.

불조정맥

불조정맥(佛祖正脈)

🪷 인 도

교조 석가모니불 (敎祖 釋迦牟尼佛)

 1조 마하가섭 (摩訶迦葉)

 2조 아난다 (阿難陀)

 3조 상나화수 (商那和脩)

 4조 우바국다 (優波鞠多)

 5조 제다가 (堤多迦)

 6조 미차가 (彌遮迦)

 7조 바수밀 (婆須密)

 8조 불타난제 (佛陀難堤)

 9조 복타밀다 (伏馱密多)

10조 파율습박(협) (波栗濕縛, 脇)

11조 부나야사 (富那夜奢)

12조 아나보리(마명) (阿那菩堤, 馬鳴)

13조 가비마라 (迦毗摩羅)

14조 나가르주나(용수) (那閼羅樹那, 龍樹)

15조 가나제바 (迦那堤波)

16조 라후라타 (羅睺羅陀)

17조 승가난제 (僧伽難提)

18조 가야사다 (迦耶舍多)

19조 구마라다 (鳩摩羅多)

20조 사야다 (闍夜多)

21조 바수반두 (婆修盤頭)

22조 마노라 (摩拏羅)

23조 학륵나 (鶴勒那)

24조 사자보리 (師子菩堤)

25조 바사사다 (婆舍斯多)

26조 불여밀다 (不如密多)

27조 반야다라 (般若多羅)

28조 보리달마 (菩堤達磨)

✿ 중 국

29조 신광 혜가 (2 조 神光 慧可)

30조 감지 승찬 (3 조 鑑智 僧璨)

31조 대의 도신 (4 조 大醫 道信)

32조 대만 홍인 (5조 大滿 弘忍)

33조 대감 혜능 (6조 大鑑 慧能)

34조 남악 회양 (7조 南嶽 懷讓)

35조 마조 도일 (8조 馬祖 道一)

36조 백장 회해 (9조 百丈 懷海)

37조 황벽 희운 (10조 黃檗 希雲)

38조 임제 의현 (11조 臨濟 義玄)

39조 홍화 존장 (12조 興化 存奬)

40조 남원 혜옹 (13조 南院 慧顒)

41조 풍혈 연소 (14조 風穴 延沼)

42조 수산 성념 (15조 首山 省念)

43조 분양 선소 (16조 汾陽 善昭)

44조 자명 초원 (17조 慈明 楚圓)

45조 양기 방회 (18조 楊岐 方會)

46조 백운 수단 (19조 白雲 守端)

47조 오조 법연 (20조 五祖 法演)

48조 원오 극근 (21조 圓悟 克勤)

49조 호구 소륭 (22조 虎丘 紹隆)

50조 응암 담화 (23조 應庵 曇華)

51조 밀암 함걸 (24조 密庵 咸傑)

52조 파암 조선 (25조 破庵 祖先)

53조 무준 사범 (26조 無準 師範)

54조 설암 혜랑 (27조 雪岩 慧郎)

55조 급암 종신 (28조 及庵 宗信)

56조 석옥 청공 (29조 石屋 淸珙)

🪷 한 국

57조 태고 보우 (1 조 太古 普愚)

58조 환암 혼수 (2 조 幻庵 混脩)

59조 구곡 각운 (3 조 龜谷 覺雲)

60조 벽계 정심 (4 조 碧溪 淨心)

61조 벽송 지엄 (5 조 碧松 智儼)

62조 부용 영관 (6 조 芙蓉 靈觀)

63조 청허 휴정 (7 조 淸虛 休靜)

64조 편양 언기 (8 조 鞭羊 彦機)

65조 풍담 의심 (9 조 楓潭 義諶)

66조 월담 설제 (10조 月潭 雪霽)

67조 환성 지안 (11조 喚醒 志安)

68조 호암 체정 (12조 虎巖 體淨)

69조 청봉 거안 (13조 靑峰 巨岸)

70조 율봉 청고 (14조 栗峰 靑杲)

71조 금허 법첨 (15조 錦虛 法沾)

72조 용암 혜언 (16조 龍巖 慧言)

73조 영월 봉율 (17조 詠月 奉律)

74조 만화 보선 (18조 萬化 普善)

75조 경허 성우 (19조 鏡虛 惺牛)

76조 만공 월면 (20조 滿空 月面)

77조 전강 영신 (21조 田岡 永信)

78대 농선 대원 (22대 弄禪 大圓)

농선 대원 선사님
인가 내력

농선 대원 선사님 인가 내력

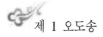
제 1 오도송

이 몸을 끄는 놈 이 무슨 물건인가?
골똘히 생각한 지 서너 해 되던 때에
쉬이하고 불어온 솔바람 한 소리에
홀연히 대장부의 큰 일을 마치었네

무엇이 하늘이고 무엇이 땅이런가
이 몸이 청정하여 이러-히 가없어라
안팎 중간 없는 데서 이러-히 응하니
취하고 버림이란 애당초 없다네

하루 온종일 시간이 다하도록
헤아리고 분별한 그 모든 생각들이

옛 부처 나기 전의 오묘한 소식임을
듣고서 의심 않고 믿을 이 누구인가!

此身運轉是何物
疑端汨沒三夏來
松頭吹風其一聲
忽然大事一時了

何謂靑天何謂地
當體淸淨無邊外
無內外中應如是
小分取捨全然無

一日於十有二時
悉皆思量之分別
古佛未生前消息
聞者卽信不疑誰

　농선 대원 선사님의 스승이신 불조정맥 제77조 조계종(曹溪宗) 전
강(田岡) 대선사님께서 1962년 대구 동화사의 조실로 계실 당시 농
선 대원 선사님께서도 동화사에 함께 머무르고 계셨다.
　하루는, 전강 대선사님께서 대원 선사님의 3연으로 되어 있는 제
1오도송을 들어 깨달은 바는 분명하나 대개 오도송은 짧게 짓는다

고 말씀하셨다. 이에 대원 선사님께서는 제1오도송을 읊은 뒤, 도솔암을 떠나 김제들을 지나다가 석양의 해와 달을 보고 문득 읊었던 제2오도송을 일러드렸다.

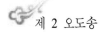 제 2 오도송

해는 서산 달은 동산 덩실하게 얹혀 있고
김제의 평야에는 가을빛이 가득하네
대천이란 이름자도 서지를 못하는데
석양의 마을길엔 사람들 오고 가네

日月兩嶺載同模
金提平野滿秋色
不立大千之名字
夕陽道路人去來

제2오도송을 들으신 전강 대선사님께서는 이에 그치지 않고 그와 같은 경지를 담은 게송을 이 자리에서 즉시 한 수 지어볼 수 있겠냐고 하셨다. 대원 선사님께서는 곧바로 다음과 같이 읊으셨다.

바위 위에는 솔바람이 있고

산 아래에는 황조가 날도다
대천도 흔적조차 없는데
달밤에 원숭이가 어지러이 우는구나

岩上在松風
山下飛黃鳥
大千無痕迹
月夜亂猿啼

전강 대선사님께서는 위 송의 앞의 두 구를 들으실 때만 해도 지그시 눈을 감고 계시다가 뒤의 두 구를 마저 채우자 문득 눈을 뜨고 기뻐하는 빛이 역력하셨다.

그러나 전강 대선사님께서는 여기에서도 그치지 않고 다시 한 번 물으셨다.

"대중들이 자네를 산으로 불러내고 그중에 법성(향곡 스님 법제자인 진제 스님. 동화사 선방에 있을 당시에 '법성'이라 불렸고, 나중에 '법원'으로 개명하였다.)이 달마불식(達磨不識) 도리를 일러보라 했을 때 '드러났다'라고 답했다는데, 만약에 자네가 당시의 양무제였다면 '모르오'라고 이르고 있는 달마 대사에게 어떻게 했겠는가?"

대원 선사님께서 답하셨다.

"제가 양무제였다면 '성인이라 함도 서지 못하나 이러-히 짐의 덕화와 함께 어우러짐이 더욱 좋지 않겠습니까?' 하며 달마 대사의 손을 잡아 일으켰을 것입니다."

전강 대선사님께서 탄복하며 말씀하셨다.

"어느새 그 경지에 이르렀는가?"

"이르렀다곤들 어찌 하며, 갖추었다곤들 어찌 하며, 본래라곤들 어찌 하리까? 오직 이러-할 뿐인데 말입니다."

대원 선사님께서 연이어 말씀하시자 전강 대선사님께서 이에 환희하시니 두 분이 어우러진 자리가 백아가 종자기를 만난 듯, 고수 명창 어울리듯 화기애애하셨다.

달마불식 공안에 대한 위의 문답은 내력이 있는 것이다. 전강 대선사님께서 대원 선사님을 부르기 며칠 전에, 저녁 입선 시간 중에 노장님 몇 분만이 자리에 앉아있을 뿐 자리가 텅텅 비어 있었다고 한다.

대원 선사님께서 이상히 여기고 있던 중, 밖에서 한 젊은 수좌가 대원 선사님을 불렀다. 그 수좌의 말이 스님들이 모두 윗산에 모여 기다리고 있으니 가자고 하기에 무슨 일인가 하고 따라가셨다.

그러자 그 자리에 있던 법성 스님이 보자마자 달마불식 법문을 들고 이르라고 하기에 지체없이 답하셨다.

"드러났다."

곁에 계시던 송암 스님께서 또 안수정등 법문을 들고 물으셨다.

"여기서 어떻게 살아나겠소?"

대뜸 큰소리로 이르셨다.

"안·수·정·등."

이에 좌우에 모인 스님들이 함구무언(緘口無言)인지라 대원 선사님께서는 먼저 그 자리를 떠나 내려와 버리셨다.

그 다음날 입승인 명허 스님께서 아침 공양이 끝난 자리에서 지난 밤 입선시간 중에 무단으로 자리를 비운 까닭을 묻는 대중 공사를 붙여 산 중에서 있었던 일들이 낱낱이 드러나고 말았다. 그리하여 입선시간 중에 자리를 비운 스님들은 가사 장삼을 수하고 조실인 전강 대선사님께 참회의 절을 했던 일이 있었다.

전강 대선사님께서는 이때에 대원 선사님께서 달마불식 도리에 대해 일렀던 경지를 점검하셨던 것이다.

이런 철저한 검증의 자리가 있었던 다음 날, 전강 대선사님께서 부르시기에 대원 선사님께서 가보니 주지인 월산(月山) 스님께서 모든 것이 약조된 데에서 입회해 계셨으며 전강 대선사님께서는 곧바로 다음과 같이 전법게(傳法偈)를 전해주셨다.

 전 법 게

부처와 조사도 일찍이 전한 것이 아니거늘
나 또한 어찌 받았다 하며 준다 할 것인가
이 법이 2천년대에 이르러서
널리 천하 사람을 제도하리라

佛祖未曾傳
我亦何受授
此法二千年
廣度天下人

　덧붙여 이 일은 월산 스님이 증인이며 2000년까지 세 사람 모두 절대 다른 사람이 알게 하거나 눈에 띄게 하지 않아야 한다고 당부하셨다.

　만약 그러지 않을 시에는 대원 선사님께서 법을 펴 나가는데 장애가 있을 것이라고 예언하셨다. 또한 각별히 신변을 조심하라 하시고 월산 스님에게 명령해 대원 선사님을 동화사의 포교당인 보현사에 내려가 교화에 힘쓰게 하셨다.

　대원 선사님께서 보현사로 떠나는 날, 전강 대선사님께서는 미리 적어두셨던 부송(付頌)을 주셨으니 다음과 같다.

 부 송

　어상을 내리지 않고 이러-히 대한다 함이여
　뒷날 돌아이가 구멍 없는 피리를 불리니
　이로부터 불법이 천하에 가득하리라

不下御床對如是
後日石兒吹無孔
自此佛法滿天下

위의 송의 '어상을 내리지 않고 이러-히 대한다 함이여'라는 첫째 줄 역시 내력이 있는 구절이다.

전에 대원 선사님께서 전강 대선사님을 군산 은적사에서 모시고 계실 당시 마당에서 홀연히 마주쳤을 때 다음과 같은 문답이 있었다.

전강 대선사님께서 물으셨다.

"공적(空寂)의 영지(靈知)를 이르게."

대원 선사님께서 대답하셨다.

"이러-히 스님과 대담(對談)합니다."

"영지의 공적을 이르게."

"스님과의 대담에 이러-합니다."

"어떤 것이 이러-히 대담하는 경지인가?"

"명왕(明王)은 어상(御床)을 내리지 않고 천하 일에 밝습니다."

위와 같은 문답 중에 대원 선사님께서 답하신 경지를 부송의 첫째 줄에 담으신 것이다.

전강 대선사님께서 대원 선사님을 인가(印可)하신 과정을 볼 때 한 번, 두 번, 세 번을 확인하여 철저히 점검하신 명안종사의 안목에 탄복하지 않을 수 없으며 이에 끝까지 1초의 머뭇거림도 없이 명철하셨던 대원 선사님께 찬탄하지 않을 수 없다.

그리하여 법열로 어우러진 두 분의 자리가 재현된 듯 함께 환희 용약하지 않을 수 없다.

이제 전강 대선사님과 약속한 2천년대를 맞이하였으므로 여기에 전법게를 밝힌다.

이로써 경허, 만공, 전강 대선사님으로 내려온 근대 대선지식의 정법의 횃불이 이 시대에 이어져 전강 대선사님의 예언대로 불법이 천하에 가득할 것이다.

부록 3

21세기에
인류가 해야 할 일

21세기에 인류가 해야 할 일

이 사람은 1962년 26세 때부터 21세기에 인류에게 닥칠 공해문제, 에너지문제를 예견하고 대체에너지(무한원동기, 태양력, 파력, 풍력 등) 개발과 '울 안의 농법'을 연구하고 그 필요성을 많은 이들에게 이야기해 왔습니다.

당시에는 너무 시대를 앞서가는 이야기여서인지 일반인들이 수용하지 못하고 오히려 불신의 눈으로 바라보며 이 사람의 법마저 의심하였습니다. 하지만 현대에 있어서는 이것이 인류가 해결해야 할 가장 절박한 사안이 되어 있습니다.

'사막화방지 국제연대'를 설립한 것도 현재 인류가 해결해야 할 가장 절박한 지구환경문제를 이슈화시키고 그 해결책을 제시하여 재앙에 직면한 지구촌을 살리기 위해서입니다.

'사막화방지 국제연대'에서 추진하고 있는 사막화 방지, 지구 초원화, 대체에너지 개발은 온 인류가 발 벗고 나서서 해야 할 일입니다.

첫째 사막화 방지에 있어서 기존에 해왔던 '나무심기 사업'은 천문학적인 예산과 많은 인력을 동원하고도 극도로 황폐한 사막화된 환경을 되살리는 데 실패하였습니다.

　그래서 이 사람은 사막화 방지에 있어서는 '사막 해수로 사업'을 새로운 방안으로 제시하였습니다.

　사막 해수로 사업은 사막화된 지역에 수도관을 매설하여 바닷물을 끌어들여서 염분에 강한 식물을 중심으로 자연생태계를 복원하는 사업입니다.

　이것은 나무심기 사업으로 심은 나무들이 절대적으로 물이 부족하여 생존할 수 없었던 문제를 해결할 수 있는, 현재로서는 유일한 해결책입니다.

　그러나 '사막화방지 국제연대'의 목적은 사막이 확장되는 것을 방지하자는 것이지 사막 전체를 완전히 없애자는 것은 아닙니다. 인체에서 심장이 모든 피를 전신의 구석구석까지 골고루 보내어 살아서 활동하게 하듯이 사막은 오히려 지구의 심장 역할을 하는 중요한 곳이기 때문입니다.

　그래서 21세기에 있어서는 다만 사막의 확장을 방지할 뿐 아니라 사막을 어떻게 운용하느냐를 연구해야 합니다.

　사막에 바둑판처럼 사방이 막힌 플륨관 수로를 설치하여 동, 서, 남, 북 어느 방향의 수로를 얼마만큼 채우느냐 비우느냐에 따라, 사막으로부터 사방 어느 방향으로든 거리까지 조절하여, 원하는 지역에 비를 내리게 하고 그치게 할 수 있습니다. 철저히 과학적인

데이터에 의해 이렇게 사막을 운용함으로써 21세기의 지구를 풍요로운 낙원시대로 만들어가야 합니다.

둘째로 지구를 초원화할 수 있는 방안으로서 3년간의 실험을 통해, 광활한 황무지 지역을 큰 비용을 들이거나 많은 인력을 동원하지 않고도 짧은 시간 내에 초지로 바꿀 수 있는 식물을 찾아냈습니다.

그것은 바로 '돌나물'입니다. 돌나물은 따로 종자를 심을 필요가 없이 헬리콥터나 비행기로 살포해도 생존, 번식할 수 있으며, 추위와 더위, 황폐한 땅에서도 살아남을 수 있는 생명력과 번식력이 강한 식물입니다.

지구환경을 되살리는 초지조성 사업에 있어서 이것이 큰 도움이 되리라 생각합니다.

셋째의 대체에너지 개발에 있어서는 태양력, 파력, 풍력 등 1962년도부터 이 사람이 연구하고 얘기해왔던 방법들이 이미 많이 개발되어 실용화한 단계에 있습니다.

이 세 가지 일은 한 개인이나 한 국가가 할 수 있는 일이 아닙니다. 모든 국가가 앞장서서 전 세계적인 사업으로 이루어져야 합니다. 모든 국가가 함께 한 기금조성이 이루어져야 하고 기금조성에 참여한 국가는 이 시스템에 의한 전면적인 혜택을 입을 수 있도록 해야 합니다.

인류 모두가 지혜를 모아 이 일에 전력을 다한다면 인류는 유사이래 가장 좋은 시절을 맞이하게 될 것이며, 만약 이 일을 남의 일인 양 외면한다면 극한의 재앙을 면할 수 없을 것입니다.

이 사람이 오래 전부터 얘기해왔던 '울 안의 농법'은 이미 미국 라스베이거스(Las Vegas)에서 30층짜리 '고층 빌딩 농장'으로 구현되었습니다. 그렇게 크게도 운영될 수 있지만 각자 자신의 집에서 이루어지는 '울 안의 농법'도 필요합니다.

21세기에 있어서 또 하나 인류가 만일의 사태를 대비해서 연구, 추진해야 될 일이 있다면 바닷속에서의 수중생활, 수중경작입니다.

지구가 심하게 온난화될 경우, 공기가 너무 많이 오염될 경우, 바닷물이 높아져 살 땅이 좁아질 경우 등에 대비할 때, 인류는 우주에서의 삶보다는 바닷속에서의 삶을 준비해야 합니다. 왜냐하면 그것이 훨씬 수월하고 비용도 절감할 수 있기 때문입니다.

이렇게 깨달은 이는 이변적으로는 깨달음을 얻게 하여 영생불멸의 삶을 영위할 수 있도록 만인을 이끌어야 하며 사변적으로는 일반인이 예측할 수 없는 백 년, 천 년 앞을 내다보아 이를 미리 앞서 대비하도록 만인의 삶을 이끌어줘야 한다고 생각합니다.

불법의 뜻은 다만 진리 전수에만 있는 것이 아니니, 만인이 서로 함께 영원한 극락을 누릴 때까지 물심양면으로, 이사일여로 베풀어 교화해야 하기 때문입니다.

가슴으로 부르는
불심의 노래

여기에 실린 것들은 모두 농선 대원 선사님
께서 직접 작사하신 곡들이다.

　수행의 길로 들어서게끔 신심, 발심을 북돋
아주는 곡으로부터 수행의 길로 접어든 이의
구도의 몸부림이 담겨있는 곡, 대승의 원력을
발해서 교화하는 보살의 자비심과 함께 낙원
세계를 누리는 풍류를 그려놓은 곡까지 가사
한마디, 한마디가 생생하여 그 뜻이 뼛속 깊이
새겨지고 그 멋에 흠뻑 취하게 된다.

　농선 대원 선사님께서는 거칠고 말초적인
요즘의 노래를 듣고 이러한 정서를 순화시키
고자, 또한 수행의 마음을 진작시키고자 하는
뜻에서 이 곡들을 작사하셨다.

🪷 가슴으로 부르는 불심의 노래 - 가사 목록

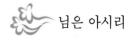 님은 아시리

1부

1. 사계절의 풍광인들 위로되겠니
서사시의 음률인들 쉬어지겠니
뜻과 같이 되지 않아 기도에 젖은
이 마음 님은 아시리
한 세상 열정 쏟아 닦는 수행길
불보살님 출현하서 베푼 자비에
모든 망상 모든 번뇌 없었으면 좋으련만
마음대로 안 되는 게 수행이더라, 수행이더라

2. 사계절의 풍광인들 위로되겠니
서사시의 음률인들 쉬어지겠니
뜻과 같이 되지 않아 기도에 젖은
이 마음 님은 아시리
청춘의 모든 욕망 사뤄버리고
회광반조 촌각 아껴 열정 쏟아서
이룬 선정 그 효력이 있었으면 좋으련만
마음대로 안 되는 게 보림이더라, 보림이더라

3. 사계절의 풍광인들 위로되겠니
서사시의 음률인들 쉬어지겠니
뜻과 같이 되지 않아 기도에 젖은
이 마음 님은 아시리
억겁의 모든 습성 꺾어보려고
갖은 노력 갖은 인내 온통 쏟아서
세월 잊은 보림 성취 있었으면 좋으련만
마음대로 안 되는 게 성불이더라, 성불이더라

2부

1. 사계절의 풍광인들 비유되겠니
가릉빈가 음률인들 비교되겠니
뜻과 같이 자유자재 베풀어놓고
한없이 즐기시련만
그러한 대자유의 삶을 접고서
중생들을 구제하려 삼도에 출현
갖은 역경 어려움을 감내하는 자비로써
깨워주는 그 진리에 눈을 뜨거라, 눈을 뜨거라

2. 사계절의 풍광인들 비유되겠니
가릉빈가 음률인들 비교되겠니
뜻과 같이 자유자재 베풀어놓고
한없이 즐기시련만
억겁을 다하여도 끝이 없을 걸
알면서도 해내겠다 나선 님의 길
가시밭길 험난해도 일관하신 그 자비에
구류중생 깨달아서 정토 이루리, 정토 이루리

3. 사계절의 풍광인들 비유되겠니
가릉빈가 음률인들 비교되겠니
뜻과 같이 자유자재 베풀어놓고
한없이 즐기시련만
낙원의 모든 즐김 떨쳐버리고
삼악도를 낙원으로 이뤄놓겠다
촌각 아낀 그 열정에 모두 모두 감화되어
이 땅 위에 님의 소원 이뤄지리라, 이뤄지리라

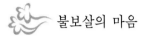

불보살의 마음

1. 자비, 그 자비는 눈물이었네
불나방이 불을 쫓듯 가는 이
그래도 못 잊어서 버리지 못해
저리는 저리는 가슴, 그 가슴 안고서
눈물, 피눈물로 저리 부르네

2. 자비, 그 자비는 눈물이었네
제 살 길을 저버리는 이들을
그래도 못 잊어서 버리지 못해
저리는 저리는 가슴, 그 가슴 안고서
눈물, 피눈물로 저리 부르네

나의 노래

1. 노세 노세 봄놀이하세
대천세계 이 봄 경치
한산 습득 친구삼아
호연지기 즐겨볼까
얼씨구나 절씨구
아니나 즐기고 무엇하리

2. 노세 노세 봄놀이하세
걸음 쫓아 이른 곳곳
문수보현 벗을 삼아
화엄광장 춤춰볼까
얼씨구나 절씨구
아니나 즐기고 무엇하리

잘 사는 게 불법일세

1. 잘 사는 게 불법일세
우리 모두 관음보살 지장보살 생활 속에
모시면서
마음 비운 나날들로 바른 삶을 하노라면
불보살님 가피 속에 뜻 이뤄서 꽃을 피운
그런 날이 있을 걸세

2. 잘 사는 게 불법일세
우리 모두 관음보살 지장보살 생활 속에
모시면서
마음 비워 살아가며 시시때때 잊지 않고
참나 찾아 참구하는 그 정성도 함께하면
좋은 소식 있을 걸세

3. 잘 사는 게 불법일세
우리 모두 관음보살 지장보살 생활 속에
모시면서
틈틈으로 회광반조 사색으로 참나 깨쳐
화장세계 장엄하고 얼쉬얼쉬 어울리며
영원토록 웃고 사세

선 승

토함산 소나무 위에 달빛도 조는데
단잠을 잊은 채 장승처럼 앉아있는
깊은 밤 선승의 그윽한 눈빛
고요마저 서지 못한 선정이라
대천도 흔적 없고 허공계도 머물 수 없는
수정 같은 광명이여, 화엄의 세계로세

 우리 모두

우리 모두 만난 인생 즐겁게 살자
부딪치는 세상만사 웃으며 하자
인연으로 어우러진 세상사이니
풀어가는 삶이어야 하지 않겠니

몸종 노릇 하는 사이 맘 챙겨 살자
맑고 맑은 가을 허공 그렇게 비워
명상으로 정신세계 사무쳐보자
언젠가는 깨쳐 웃는 그날이 오리

한산 습득 껄껄 웃는 그러한 웃음
웃어가며 모든 일을 대하는 날로
활짝 펼쳐 어우러진 그러한 삶을
우리 모두 발원하며 즐겁게 살자

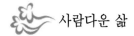 거룩한 만남

불법을 만난 건 행운 중 행운이고 내 생의 정점일세
거룩한 이 법을 만나는 사람이면 서로가 권하고 권을 하여
함께 하는 일상의 수행이 되어서 다 같이 누리는 낙원 이뤄
고통과 생사는 오간 데 없고 웃음과 평온만 넘치고 넘쳐
길이길이 끝이 없는 복락 누리세

여래의 큰 은혜 순간인들 잊으랴 수행해 크게 깨쳐
구제를 다함만 큰 은혜 갚음이니 노력과 실천 다해
우리 모두 씩씩한 낙원의 역군이 되어 봉화적인 이생의 삶
으로써
최선을 다하여 부끄럼 없는 대장부로, 은혜 갚는 장부로
길이길이 끝이 없는 복락 누리세

마음이 나로세

본래 마음이 나이건만
몸이 내가 된 삶이 되어
갖은 고통이 따랐다네

맘이 내가 된 삶으로서
갖은 고통이 없는 삶을
우리 누리고 살아보세

이리 쉽고도 쉬운 일을
어찌 등 돌린 삶으로서
고통 속에서 헤매는고

마음 수행을 모두 하여
나고 죽음이 없음으로
태평 세월을 누려보세

사람다운 삶

1. 사람이 사람다운 사람이 되려면
명상으로 비우고 비워서
고요의 극치에 이르러
자신을 발견한 슬기로써
마음을 다스리는 연마 후에
그 능력으로 모두가 살아가야
평화로운 세상이 활짝 열려
모두 함께 누릴 걸세

2. 서로가 다툼 없이 서로를 아껴서
마음으로 베풀고 베푸는
사회로 이루어 간다면
낙원이 멀리만 있는 것이 아니라
살고 있는 이대로가 낙원이란 걸
모두가 실감하는
우리들의 세상이 활짝 열려
모두 함께 누릴 걸세

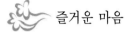 즐거운 마음

1. 우리 모두 선택받은 제자 되어
즐거운 맘 하나 되어 축하합니다
그 무엇을 이룬들 이리 좋으며
황금보석 선물인들 이만하리까
부처님의 가르침만 따르오리다
실천하리라 실천하리라

2. 부처님의 뒤 이을 걸 맹세하며
다짐으로 즐기는 맘 가득합니다
당당하게 행보하는 구세의 역군
혼신 다해 낙원 이룬 이 세계에서
함께 사는 즐거움을 생각하며
노래합니다 노래합니다

 사는 목적

우리 모두 행복을 찾아 영원을 찾아
내면 향해 비춰보는 명상으로
앉으나 서나 일을 하나 최선을 다하세
하루의 해가 서산을 붉게 물들이고
합장 기도하여 또 다짐과 맹서의 말
뜻 이루어 이 세상의 빛이 돼서
구류를 생사 고해에서 구제하는 사람으로
영원히 영원히 살 것입니다

 바른 삶 1

우리 삶을 두고서 허무하다 누가 말했나
본래 마음이 나 아닌가
그 마음 나를 삼아 살면 되지
지금도 늦지 않네 우리 모두
오늘부터 모두들 마음으로 나를 삼아
길이길이 웃고들 사세

 바른 삶 2

1. 어디어디 어디라 해도
마음 찾아 바로만 살면
그곳 바로 극락이라네
세상분들 귀담아듣고
사람 몸을 가졌을 때에
모든 고비 극복해내서
참선으로 참나를 깨쳐
걸림 없는 해탈의 세상
누려보세 누려들 보세

2. 어두운 곳 태양이 뜨듯
중생계에 불타 출현해
바른 삶으로 인도하셔
복된 날을 기약케 하니
아니아니 좋고 좋은가
이 몸 주인 통쾌히 깨쳐
억겁 업을 말끔히 씻고
걸림 없는 해탈의 세상
누려보세 누려들 보세

 닮으렵니다

관세음보살 관세음보살
지극한 마음으로 닮으려고
오늘도 노력하며 주어진 일을 하면
하루가 훌쩍 가는 줄도 모른다오
관세음 관세음보살
님께서 베푸는 그 넓은 사랑을
이 맘 속에 기르고 길러서
실천하는 그런 장부 되어서
큰 은혜 갚을 겁니다

수행과 깨침

1. 그릴 수도 없는 마음, 만질 수도 없는 마음
찾으려는 수행이라 모든 것을 다 버리고
모든 생각 비우기를 몇천 번이었던가
머리 터져 피 흘려도 멈출 수가 없는 공부
이 공부가 아니던가

2. 놓지 못해 우두커니 장승처럼 뭐꼬 하고 앉았는데
앞뒤 없어 몸마저도 공해버린 여기에서 이러-한 채
시간 간 줄 모른 채로 눈을 감고 얼마간을 지나던 중
한 때 홀연 큰 웃음에 화장계일세

걱정 말라

1. 걱정 말라 걱정을 말라 불보살님 말씀대로만 행한다면
안 풀리는 일 없다 하지 않았던가
육근으로 보시를 하며 웃고 살자 웃고들 살자
백년 미만 우리네 인생, 세상 만사 마음먹기 달렸다고
일러주시지 않았던가 걱정을 말라

2. 이리 봐도 저리를 봐도 모두모두 내 살림일세
간섭할 수 없는 내 살림 아니아니 그러한가
이리 펼치고 저리 펼처 육문으로 지은 복덕
베푸는 맛이 아니 좋은가 우리 사는 지구인 별 함께
가꿔
낙원으로 만들어서 살아들 보세

정한 일일세

우리네 삶이란 것
풀끝 이슬 아니던가
서로서로 위로하고 아끼면서
우리 모두 착한 삶이
이어져 가노라면
언젠가는 행복한
그날이 우리에게
찾아오는 것 정한 일일세
찾아오는 것 정한 일일세

여기가 낙원

참나 찾아 영원을 향해
한눈 안 팔고 노력하고
가정 위해 사회를 위해
뛰고 뛰고 혼신을 다한
나의 노력 결실이 되어
일상에서 누리는 나날
선 자리가 낙원이 되니
초목들도 어깨 춤추고
산새들도 축하를 하네

따르럽니다

1. 우리 모두 합장 공경 하옵니다
크고 작은 근심 걱정 씻어주려
우릴 찾아 오셨으니 감사합니다 고맙습니다

2. 우리 모두 손에 손을 맞잡고서
즐거웁게 노래하고 춤을 추며
우리에게 오신 님을 경하합니다 축하합니다

3. 우리들의 깊은 잠을 깨워주셔
영생불멸 낙원의 삶 누리게끔
해주시려 오신 님을 공경합니다 따르럽니다

지장보살

지장보살 두 눈의 흐르는 눈물
마르실 날 언제일까 생각하고 또 생각해도
이 세상의 사람들이 멀어지게만 하고 있네요
보살님 어찌해야 하오리까
반야의 실천으로 최선 다해 돕는다면
안 되는 일 있으리까
대원본존 지장보살 나무 지장보살
얼씨구나 절씨구나 한 판 놀음 덩실덩실 살
아들 보세

나는 바보

나는 바보다 나는 바보야
역지사지 알다보니 바보가 되었네
그렇지만 내 주위는 언제나 웃음이 있고
나눔이 있어 행복하다네
나는 나는 그런 바보야
나는 나는 그런 바보야

옛 고향

고향 옛 고향이 그리워 거니는 산책에
고요한 달빛 휘영청 밝고 밤새는
그 무슨 생각에 저리 부르는 노래인데
숲 타고 온 석종소리에 열리는 옛 내 고향
그리도 캄캄하던 생각들은 흔적도 없고
고요한 마음 옛 고향 털끝만큼도
가리운 것이란 없었는데
어찌해 그 무엇에 어두웠던고 고향길 옛 내 고향
나는 따르리라 끝없는 일이라 하여도
님 하신 구제 고난과 역경
그 어떤 어려움 닥쳐도
님 하시는 일이라면 멈추는 일 없을 것일세
이것만이 보은이라네 보은이라네

곰탱이

곰탱이 곰탱이 미련 곰탱이
세상 사람 요구 따라 다 들어준
사람더러 곰탱이라네
요구 따라 따지지 않고
들어주기 바쁜 이를 놀려대며 하는 말
곰탱이 곰탱이 미련 곰탱아
그리 살다간 끝내는 빌어먹을 쪽박마저
없겠구나 미련 곰탱아
그래도 덩실덩실 추는 춤을
보며 깔깔 웃는 사람들아
웃는 자신 모르니 서글퍼 내 하는 말
한 판의 꿈속이라 천금만금 쓸데없네
깔깔 웃는 그 실체를 자신 삼아 사는 삶이 되길
바라고 바라는 곰탱이 춤이로세

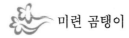 미련 곰탱이

나는 나를 모르는 곰탱이 곰탱이 미련 곰탱이
나라는 나를 보고 듣는 그거라고 보여주듯 일러줌에
동문서답 일관하는 곰탱이 곰탱이 미련 곰탱이
그러므로 성현들의 천하태평 무릉도원 못 누리고
고생고생 살아가는 곰탱이 곰탱이 미련 곰탱이
그런 삶을 면하려면 나라는 나를 깨달아라
자상하게 이끈 말씀 이행 못한 곰탱이 곰탱이 미련 곰탱이
귀천 없이 이끌어서 선 자리가 안양낙원 되게 하신
말씀을 이행 못한 곰탱이 곰탱이 미련 곰탱이
궁전 낙을 저버리시고 고행 수도 다하셔서
나란 나를 깨침으로 영생의 낙원으로 이끄셨네
이 기회를 놓친다면 다시 만나기 어려웁고 어려우니
칠야삼경 봉화 같은 그 지혜의 광명 받아
각자 것이 되게 하란 그 말씀을
실행 못한 곰탱이 곰탱이 미련 곰탱이
그 지혜의 이끔 받아 각자 경지 이러-히 되는 날엔
백사 만사 무엇이든 뜻대로 이뤄진다 권한 말씀
실행 못한 곰탱이 곰탱이 미련 곰탱이
눈앞의 그 작은 것 쫓다가 영원한 삶의 낙 놓치지 않으려면
나란 나를 꼭 깨달으란 귀한 말씀
실행 못한 곰탱이 곰탱이 미련 곰탱이
금구 성언 귀담아듣지 않고 흘려듣다간
백 년도 못 채운 후회막심 삶 되리니
새겨듣고 새겨들어 실천하란 그 말씀
실행 못한 곰탱이 곰탱이 미련 곰탱이
실천하여 깨닫고 박장대소 하는 날엔
삼세 성현 모두모두와 곰탱이 곰탱이가
누리 안은 광명 놓네 누리 안은 광명 놓아 삼창을 할 거라네

부처님의 말씀

부처님 말씀은 하나하나 자비더라
그러기에 불자들은 온화하고 선하더라
부처님 가르치는 이치는 흐르는 물이고
서늘한 산바람이며 봄꽃 향기요
심금을 울리는 연주요 노래요
포근한 어머니의 사랑이더라
바다처럼 넓고 넓은 자비의 품이더라
포근하고 온화한 그 가르침 하나하나
이치에 어긋남이 없으신 진실이더라
모두모두 다 함께 우리 모두 닮자구요
모두모두 다 함께 우리 모두 닮자구요
모두모두 다 함께 우리 모두 닮자구요
어쩌다 어쩌다 이런 가르침을 만났는지
이 다행 이 요행 헛되이 하지 않아
이 생에 깨달아서 이 크고 큰 은혜
갚는 일에 소홀하지 않으리라
감사합니다 감사합니다 우리 부처님
당신의 후예들마저도 유일하게
전쟁 같은 일들은 일으키지 않습니다
사랑하라 하면서 용서하라 하면서
사람이 사람을 죽이는 일
파리 목숨 취급하듯 하는 일이
있어서야 되겠습니까
혹시라도 이런 일이 종교에 있어서는
절대로 안 되는 일이라 믿습니다
관세음보살 나무아미타불
우리 모두 서로가 서로를 아끼고
사랑합시다 사랑합시다 사랑합시다

즐겁게 살자

나를 찾아 행복을 찾아
내면 향한 명상으로 비춰보며
오늘도 최선을 다한 하루해가 져가네
노을빛 곱게 물이 들고 내 꿈도 이뤄져간다
생각만 하여도 보람찬 미소를 짓는다
세상만사 별것이더냐
서로서로 도와가며 살면서
틈틈이 내면 향한 명상으로
몸 건강 마음 건강 챙기며 사노라면
참나 깨친 박장대소도 짓고
세상 고별 마음대로 하는 날도 있을 걸세
그런 날을 기대하며 일하고 명상하며
하루하루 즐겁게 살자

행복이란

즐거웁게 즐겁게
살아가면 좋잖아
한 번뿐인 인생인데
모두 활짝 웃어요
신이 나게 웃어요
행복이란 돈과 직위에
있는 것 아니라네
행복이란 그 어떤 마음으로
사느냐에 있다네
다 같이 다 같이 웃어들 봐요
그 웃음 타고 행복이 오네
짧은 인생살이 이렇게
만들어가며 살아들 보세

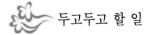 두고두고 할 일

아미타불 사유를 깊이깊이 하여서
하늘땅 생긴 이래 오늘에 이르도록
크나큰 은산철벽 너머 일처럼
까마득히 모르던 나를 깨달았으나
모양 빛깔 없어서 쥐어줄 수도
보여줄 수도 없는 일이라서
입은 옷 뒤집어 보이듯 못하니 한이구나
그러나 보고 듣고 하는 바로 그것이니
마음눈을 활짝 열어 듣는 그곳 향해 살펴봐요, 살펴봐
하늘땅이 간 곳 없고 자신까지 사라진 데서
듣고 아는 그것 내가 아니던가
깊이깊이 참구해서 참나 찾아 결정신을 내리게나
다생겁의 윤회 중에 몸종 노릇 허사란 걸 경험하지 않았던가
그 깨달음에 비추어 세상 일에 응해가며
보림수행하는 일에 방심하지 않아서
구경각을 성취 후에 모든 류를 구제해서
큰 불은 갚음만이 두고두고 할 일일세, 두고두고 할 일일세

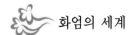 화엄의 세계

1. 각자 마음 깨닫고 봐요
누리 그 모두가 장엄이네 장엄, 빛의 장엄
어느 하나 마음의 장엄 아닌 게 없네, 없어
다함 없고 끝이 없는 보고 듣는 마음 하나 바로 쓰면
이대로가 무릉도원 화엄의 세계로세

2. 보고 듣고 느끼고 생각하는
그 모든 것 장엄이네 장엄, 빛의 장엄
어느 하나 빛의 장엄 아닌 게 없네, 없어
다함 없고 끝이 없는 보고 듣는 마음 하나 바로 쓰면
이대로가 화장세계 장엄의 세계로세

일체유심조

듣는 나를 내가 보니
바탕 없는 그 몸에

갖은 묘용 지녀 있어
오고 감은 물론이요

일체 모두 지어내고
그걸 또한 응용하여

자유자재 그 능력
못하는 것 하나 없네

온 누리에 펼쳐놓고
이울려 누려사세

이리 좋은 자기능력
전혀 몰라 헤매이는

세상 사람 갖은 고통
몸종 노릇 결과이니

마음 나된 삶으로써
억겁 굴레 벗어나서

맘이 지닌 능력회복
한시 빨리 이루어서

영원한 본래 삶을
같이 누려 살아 가세

(아리랑후렴)

함께 이뤄 누립시다
함께 이뤄 누립시다

어화둥둥 좋고 좋아
얼씨구나 좋고 좋다

이 마음이 내가 된 삶
이렇게도 상상밖에

달라질 수 있을까-
너무나도 달라져서

내자신이 놀라웁고
놀라워서 뭐라못해

조용하고 차분함 속
이 즐거움 말로 못해

온 누리를 선 자리서
볼 수 있는 능력이여

과거일을 알 수 있고
미래일을 예감하는

지혜능력 갖춰있어
실수란 것 없는 삶-

꿈 세계도 창조하는
모두 지닌 능력이니

뜻 있으면 가능하니
이 아니 전능한가

(아리랑 후렴)

전능으로 베풀어서
모두 함께 즐겨가며

후세들을 깨우는 낙
함께 하는 삶이니

이 아니들 좀도 좋고
얼씨구나 좋고 좋다

이 능력과 이 힘이면
온 세상을 바꿔 놓는

그 어떠한 일이라도
어려울게 뭐 있으리

뜻있으면 길이 있고
길있으면 하면 되는

이리 좋은 그 방법이
맘이 나된 그거로세

이리 좋은 길을 두고
안할 사람 뉘 있으리

이 일만이 길이길이
행복누릴 길이로세

넓고 넓은 누리 정원
펼쳐 놓고 모두 함께

손에 손을 서로잡고
함께 누린 삶으로써

일상이 된 이런 삶이
맘이 나 된 결과로세

이런 일을 아니하고
그 무엇을 할것인가

모두 모두 맘이 나된
그 일 실천 꼭 하여서

태평세월 함께 누린
그런 삶을 누려보세

얼씨구나 좀도 좋고
절씨구나 좋고 좋다

(아리랑 후렴)

🌸 내 마음 내가 된 삶

내 마음 내가 된 삶
모두들 살아봐요

신기하고 신기하다
신기하고 신기해
(세번 반복)

내 마음 내가 되니
영원한 삶이로세

신기하고 신기하다
신기하고 신기해
(세번 반복)

내 마음 내가 되니
안되는 일 없구나

신기하고 신기하다
신기하고 신기해
(세번 반복)

(아리랑 후렴)

꿈 세계도 창조한데
무엇인들 안될건가

신기하고 신기하다
신기하고 신기해
(세번 반복)

원근거리 상관없이
동시에 이르르니

신기하고 신기하다
신기하고 신기해
(세번 반복)

산하석벽 걸림 없이
자유로이 오고가니

신기하고 신기하다
신기하고 신기해
(세번 반복)

(아리랑 후렴)

상대방의 마음도
읽어낼 수 있으니
그 아니 신기한가

신기하고 신기하다
신기하고 신기해
(세번 반복)

과거 현재 미래 일을
앞 일처럼 아는 능력

신기하고 신기하다
신기하고 신기해
(세번 반복)

내 마음 내가 되면
이런 자유 누려사니
그 아니 신기한가

신기하고 신기하다
신기하고 신기해
(세번 반복)

온 누리의 모든 사람
이 행복을 같이 누려
살아들 봅시다

신기하고 신기하다
신기하고 신기해
(세번 반복)

아리랑 아리랑 아라리요
아리랑 고개로 넘어간다

좀도 좋다

듣는 나를 알지 못해
생활하는 그 가운데
알고파서 명상한데

어허 참말 이럴수가
창피하고 창피하다
창피하고 창피해-

듣는 그 곳 살펴보면
허공처럼 텅텅비어
어찌해야 옳을지를

어허 참말 이럴수가
창피하고 창피하다
창피하고 창피해-

허공처럼 비었으나
그게 듣고 대답하니
그게 바로 내 아닐까

어허 참말 이럴수가
창피하고 창피하다
창피하고 창피해-

그러다가 깨달으니
나고 죽음 본래없는
온통 온통 나로구나

얼씨구야 절씨구야
좀도 좋고 좀도 좋다
좀도 좋고 좀도 좋아

맘이 나 된 삶을 사니
낙원 따로 없는 것을
멍청하게 살았구려

얼씨구야 저절시구
좀도 좋고 좀도 좋다
좀도 좋고 좀도 좋아

꿈의 세계 창조했던
그 능력은 오직 하나
맘이 나된 때문일세

얼씨구야 저절시구
좀도 좋고 좀도 좋다
좀도 좋고 좀도 좋아

이 마음이 내가 되니
천리 만리 시차없고
아니된 일 전혀 없네

얼씨구야 저절시구
좀도 좋고 좀도 좋다
좀도 좋고 좀도 좋아

낙원의 삶 이 아닌가
영원의 삶 이 아닌가
맘이 나 된 삶을 사세

얼씨구야 저절시구
좀도 좋고 좀도 좋다
좀도 좋고 좀도 좋아

❀ 그 말씀

1. 님들의 고구정녕 그 말씀 맘에 새기세
그러면 오는 날엔 행복을 누리며
이웃들을 도우며 살리
개미처럼 개미처럼 개미처럼
개미처럼 개미처럼 개미처럼
개미처럼 개미처럼 개미처럼
이것저것 논하려 하지 말고 서로가
서로를 도와 세상을 이끄는 데 노력하면
이 세상의 그 어떠한 일일지라도
못 이룰 일 없을 것일세
꿀벌처럼 꿀벌처럼 꿀벌처럼
꿀벌처럼 꿀벌처럼 꿀벌처럼
꿀벌처럼 꿀벌처럼 꿀벌처럼

2. 님들의 가르침을 실행한 덕으로써
마음에 갖추어진 갖가지 능력을
부려 써서 누리는 삶을
개미처럼 개미처럼 개미처럼
꿀벌처럼 꿀벌처럼 꿀벌처럼
더불어 함께하면 별유천지 눈앞에 일이로세
이 모든 것이 참고 참아 극복해 이겨냈던
그 공덕의 결실이로세 그 공덕의 결실이로세
구름위의 백학처럼 구름위의 백학처럼 구름위의 백학처럼
함께누려 살아가세 함께누려 살아가세 함께누려 살아가세

 # 웃고 살자

1. 아하하하 우습다 아하하하 우스워
제 그림자 모르고 저라 하는 사람 보고 아니 웃고 울랴
아하하하 우습다 아하하하 우스워(3번 반복)
여섯 도적 종노릇에 헌신하는 사람 보고 아니 웃고 울랴
아하하하 우습다 아하하하 우스워
저승세계 코앞인데 대비 없는 사람 보고 아니 웃고 울랴
아하하하 우습다 아하하하 우스워(3번 반복)
참나 찾지 아니하고 허송하는 사람 보고 아니 웃고 울랴
아하하하 우습다 아하하하 우스워(3번 반복)
아리랑 아리랑 아라리요
아리랑 고개를 넘어간다
나를 버리고 가시는 님은
십 리도 못 가서 되돌아온다

2. 즐겁고도 즐겁다 즐겁고도 즐거워(3번 반복)
좋은 인연 있었던가 거룩한 이 만나서 참나 찾은 이 행운이
즐겁고도 즐겁다 즐겁고도 즐거워(3번 반복)
이 행운을 나 혼자서 누리기에 아쉬워 인도하려 나섰는데
아리랑 아리랑 아라리요 아리랑 아리랑 아라리가 났네
즐겁고도 즐겁다 즐겁고도 즐거워(3번 반복)
영원한 나 찾음으로 한순간에 성취한 낙원의 삶 권하나니
즐겁고도 즐겁다 즐겁고도 즐거워(3번 반복)
우리 모두 다 함께 얼싸안고 누리는 그런 세상 노력하세
즐겁고도 즐겁다 즐겁고도 즐거워(3번 반복)
아리랑 아리랑 아라리요
아리랑 고개를 넘어간다
청천 하늘엔 잔별도 많고
이내 가슴엔 희망도 많다

서로서로 나누면서

버들 푸르고 꽃 만발하고 나비 춤이더니
녹음이 우거지고 매미들의 노래 가득한 천지
울긋불긋 고운 단풍 어제인 듯한데 눈이 오네
우리 모두의 삶 저러하고 저렇지 않던가
보기도 아까웁고 소중한 형제 자매들이니
서로서로 나누면서 짧은 우리네 삶을 즐김으로 살아가세

사람 사는 이치

이 세상 사람들 사는 것
농부들 농사를 짓는 것과
조금도 다를 바 없는 이치이니
여러분 귀 기울여 들어보시오
얼씨구나 좋네 지화자 좋네 아니아니 그러한가

봄이 되면 깊이깊이 간직해 둔 씨곡식을
꺼내다 땅을 파고 다듬어서 골을 파고 뿌린 후에
오뉴월 찜더위에 구슬땀을 흘리면서
김을 매어 가꾸는 것은 엄동설한 추운 날에
사랑하는 부모님과 아내 자식들 모두
잘 지내게 하려는 깊은 뜻에서라네
얼씨구나 좋네 지화자 좋네 아니아니 그러한가

어떤 이가 말을 하기를 늘 현재만을 즐겁게 살자
강변함을 보았는데 좋은 말이기는 하지만
그 말은 자칫하면 희망이 없는 잘못된 말이라네
그러므로 내일을 위하여 오늘의 어려움을 즐기면서
밝게밝게 살아갑시다
얼씨구나 좋네 지화자 좋네 아니아니 그러한가

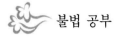 불법 공부

 좋구나

1. 이 세상 사는 분들게
권하오니 나를 찾는
이뭐꼬 화두 공부를
곰곰이 챙기고 챙겨
쉬지 않고 하다보면
하늘땅도 흔적 없이
사라지고 몸 없는 내가
환한 웃음 짓는 날이
있을테니 결정신을
내리어서 우리 함께
길이길이 누립시다

2. 불법 만난 이 다행을
그 무엇과 비교하랴
이 다행을 만났을 때
최선 다한 실행으로
금생에서 크게 깨쳐
불보살님 칭찬 받는
오후보림 필히 마쳐
중생 다한 그때까지
님의 은혜 갚을 것을
굳은 의지 맹서로써
다짐하고 다짐하세

3. 때가 없고 장소 없이
뜻을 따라 이뤄지는
이리 좋은 세상살이
본래부터 갖춰짐을
누리는 삶 우리 모두
일심동체 그리 되어
이 생 저 생 할 것 없이
얼씨구나 절씨구나
노래하고 춤도 추며
천생만생 누립시다
길이길이 누립시다

좋구나
이곳이 어때서
낙원에 장소가 있나요

마음이 착하면
선 곳이 무릉도원
이런 삶이 참 삶이라네

미소를 지으며
손에 손을 잡고서
태평가를 모두들 불러요

우리들 이렇게 서로 만나 사는 것
백겁천생 인연이라네

세월아 맞춰라
내 즐기고 즐기며
함께하는 이들에게 위로를 하려네

영원한 행복 찾기

 불법

1. 사람 사람마다
지닌 그 마음이
내가 된 삶으로
살아 가노라면
자연 알게 되네

둥글고 둥글게
모남없이 살자
(세번 반복)

마음 먹은대로
하고 싶은대로
척척 이뤄지고
꿈을 창조하던
능력 부린 날도
멀지 않으리니

둥글고 둥글게
모남없이 살자
(세번 반복)

노력 실천 다해
영원한 삶으로
영원한 행복을
함께 누려보세
함께 누려보세

둥글고 둥글게
모남없이 살자
(세번 반복)

2. 사람 사람마다
맘을 깨달아서
맘이 내가 되면
평등 그 자체라
자연인이 되어

둥글고 둥글게
모남없이 살자
(세번 반복)

서로 어울려서
나눈 인간미들
행복 그 자체며
오간 말들마다
온화한 그 체취

둥글고 둥글게
모남없이 살자
(세번 반복)

차별없는 베풂
풍족한 맘이고
가족같은 일상
낙원의 이 삶을
함께 누려보세
함께 누려보세

둥글고 둥글게
모남없이 살자
(세번 반복)

불법은 내게 있어
첫째도 둘째에도
내 삶의 이유이고
내 삶의 온통이며
마음의 광채이고
마음의 자비이며
자비의 실천이고
자비의 일상이며
희망의 꽃밭이고
희망의 피안이며
서원의 동력이고
서원의 자산이며
모두의 태평이고
모두의 영원일세

🦋 금강의 노래 1

일 없는 경지인 부처님, 중생 위해
한순간도 쉼 없이 일심전력 쏟으시네.

사위국 기수급고독원서 1250명의 비구
들과 계실 때 세존께서 공양 때가 되자
가사 입고 발우 들고 사위성에 들어 차
례차례 비신 후에 본 곳에 오셔 드시고
가사 발우 거둔 다음 발 씻고 자리 펴 앉
으셨네.
이때 장로 수보리 대중 가운데 있다가
자리에서 일어나 오체투지로 앉아 공경
히 합장하고 부처님께 여쭙기를
"희유합니다. 세존이시여. 모든 수행하
는 보살들에게 잘 생각하여 지키게 하시
고 잘 부촉하셨습니다. 그러나 세존이시
여 아뇩다라삼먁삼보리 마음을 내어 어
떻게 머무르며 어떻게 그 마음을 항복시
켜야 합니까?"
"착하고도 착하구나. 수보리야. 네가
말한 대로 여래는 모든 보살들이 잘 생
각하여 지키게 하였고 모든 보살들에게
잘 부촉하였다. 그러나 제삼 청하니 너
희들은 자세히 들거라. 그대들을 위해
일러주리라.
선남자 선여인들이여. 아뇩다라삼먁삼
보리 마음을 내어 마땅히 이러-히 머물
고 이러-히 그 마음을 항복시켜야 하니
라."

금구성언 말씀대로 실천 다해
내 기어이 성취하여 구류 구제
최선 다해 큰 은혜를 보답하리

"그러하오나 세존이시여, 정말 그렇습
니다만 바라옵건대 보다 더 자세히 듣고
자 하나이다."
부처님께서 수보리에게 말씀하시기를
"모든 보살마하살은 마땅히 이러-히 그
마음을 항복시켜야 하니라. 내가 모든
중생들인 아홉 가지 무리들을 모두 남김
없이 열반에 들게 하여 이러-히 한량없
고 수없고 끝없는 중생을 멸도해서는 진
실로 멸도 얻은 중생이 없어야 하니라.
왜냐하면 수보리야 만일 보살이 아상.
인상, 중생상, 수자상이 있다면 곧 보살
이라 할 수 없기 때문이다.
수보리야, 보살은 마땅히 법에도 머무
름 없이 보시를 해야 하는 것이니 색에
머무름 없이 보시를 해야 하며, 소리나
향기나 맛이나 촉감이나 법에도 머무름
없이 보시를 해야 하니라.
수보리야, 마땅히 보살은 이러-히 보시
를 하여 모든 상에 머무름이 없어야 하
는 것이니, 만약 보살이 상에 머무름 없
이 보시를 하면 그로 인한 복덕은 생각
으로 헤아릴 수 없느니라. 왜냐하면 끝
없는 미래에 누리기 때문이니라.
그대는 어떻게 생각하느냐? 몸과 모
양으로 여래를 볼 수 있겠느냐, 없겠느
냐?"
"볼 수 없습니다. 세존이시여. 몸과 모
양으로는 여래를 볼 수 없습니다. 왜냐
하면 여래께서 말씀하신 몸과 모양은 곧
몸과 모양이 아니기 때문입니다."

"수보리야, 무릇 있는 바 상이 모두 허망하다고들 하나 만약 모든 상이 상 아님을 보면 바로 여래를 본 것이니라."

금구성언 말씀대로 실천 다해
내 기어이 성취하여 구류 구제
최선 다해 큰 은혜를 보답하리

수보리가 부처님께 여쭈었다.
"이상과 같은 말씀을 듣고 참답게 믿음을 낼 중생이 있겠습니까?"
"수보리야, 그런 말을 말라. 내가 열반한 뒤 오백 세가 지난 후라도 계행을 갖추고 복을 닦는 사람이 있어서 이 글귀에 능히 믿는 마음을 내어 이로써 참다움을 삼을 것이니라.
마땅히 알라. 이 사람은 한 부처님, 두 부처님, 세 부처님, 네 부처님, 다섯 부처님에게만 선근을 심은 것이 아니라 이미 한량없는 천만 부처님 처소에서 선근을 심었기에 이 글귀를 듣고 지극한 한 생각에 깨끗한 믿음을 내니라."

금강반야바라밀
금강반야바라밀
금강반야바라밀

금구성언 말씀대로 실천 다해
내 기어이 성취하여 구류 구제
최선 다해 큰 은혜를 보답하리

금강의 노래 2

일 없는 경지인 부처님, 중생 위해
한순간도 쉼 없이 일심전력 쏟으시네.

수보리가 부처님께 여쭈었다.
"세존이시여, 부처님께서 아뇩다라삼먁
삼보리를 얻으셨다 하나 얻은 바 없습니
다."
"그렇고 그렇다 수보리야. 나에게는 아
뇩다라삼먁삼보리나 그 어떤 조그마한
법도 얻음이 없으니 이를 이름하여 아뇩
다라삼먁삼보리라 하니라.
수보리야 이 법은 평등하여 높고 낮음이
없기에 이를 이름하여 아뇩다라삼먁삼보
리라 하니라. 아도 없고, 인도 없고, 중
생도 없고, 수자도 없이 모든 선법을 닦
아야 곧 아뇩다라삼먁삼보리를 얻느니
라.

금구성언 말씀대로 실천 다해
내 기어이 성취하여 구류 구제
최선 다해 큰 은혜를 보답하리

수보리야 선법이라고 말한 것도 여래가
곧 선법도 아닌 이것을 이름하여 선법이
라 할 뿐이니라.
수보리야 만일 어떤 사람이 삼천대천세
계 가운데 있는 모든 수미산왕만 한 일
곱 가지 보배 무더기로 보시한다 해도
이 반야바라밀경의 네 글귀 게송만이라
도 받아 지녀 읽고 외워서 다른 사람을
위하여 설하여 주는 이가 있다면 앞에서
일곱 가지 보배로 보시한 복덕으로는 백

천만억의 일에도 미칠 수 없느니라.
왜냐하면 그 복덕은 끝없는 미래에 누리
기 때문이니라.

다른 사람을 위하여 어떻게 말하여 주겠
느냐?
취할 상이란 것도 없으니 이러-하고 이
러-해서 움직임이 없도록 하라.
왜냐하면 모든 함이 있는 법은 꿈 같고,
허깨비 같고, 물거품 같고, 그림자 같으
며, 이슬 같고, 번개 같아서 마땅히 이
러-히 보아야 하기 때문이니라.

금구성언 말씀대로 실천 다해
내 기어이 성취하여 구류 구제
최선 다해 큰 은혜를 보답하리

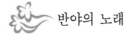 반야의 노래

일 없는 경지인 부처님, 중생 위해
한순간도 쉼 없이 일심전력 쏟으시네

내면 향해 비춰보는 지혜로써 이 몸 공함 바로 보아
나고 죽는 모든 괴로움 벗어나신 관자재의 말씀
들어보오

색이라 하나 공과 다르지 아니하고
공이라 하나 색과 다르지 아니하여
색 그대로 공이고, 공 그대로 색이며
받는 것, 생각하는 것, 행하는 것, 분별도 그렇다네

모든 법의 상도 또한 공했나니
나고 죽음 본래 없고 더럽지도 깨끗지도 아니하며
늘지도 줄지도 않는다네

금구 성언 옳은 말씀
수행이란 힘이 들어도
고비 넘겨 이뤄만 봐요
더 없는 행복을 이루네

공 가운데 색 없어서, 받는 것, 생각하는 것, 행하
는 것, 분별도 없고
눈과 귀와 코와 혀, 몸과 뜻도 없고
빛과 소리, 향기와 맛, 닿는 것과 법도 없어
눈으로 볼 경계 없어 뜻으로 분별할 경계도 없고
무명 없고 무명 다함 또한 없다시네
그러므로 늙고 죽음 없고, 늙고 죽음 다한 것도 본
래 없어
고와 집과 멸과 도도 없다 하고
지혜도 없고 또한 얻음마저 없으니, 얻을 바 없는
까닭이라네

금구 성언 옳은 말씀
이 경지가 힘이 들어도
굽이 넘겨 이뤄만 봐요
영원한 행복을 이루네

보살님들 반야바라밀다를 의지하는 까닭으로
마음에 걸림 전혀 없고
걸림 없는 까닭으로 두려움이 전혀 없어
엎어지고 거꾸러진 꿈결 같은 생각들이
전혀 없어 마침내 열반이라네

삼세 모든 부처님도 지혜로써 저 언덕에 이르
름을 의지한 고로
무상정변정각 이뤘나니 그러므로 알지어다
반야바라밀다는 이러-히 크게 신령한 주며 이
러-히 크게 밝은 주며
이러-히 위없는 주며 이러-히 차별 없는 차별
하는 주라
능히 모든 괴로움을 없앤다 함 진실이지 거짓
없네

아제 아제 바라아제 바라승아제 모지 사바하
아제 아제 바라아제 바라승아제 모지 사바하
아제 아제 바라아제 바라승아제 모지 사바하

금구 성언 옳은 말씀
이 경지를 최선을 다해
이룬다면 끝없는 삶에
영원한 행복을 이루네

치유의 노래

요즈음의 우울증과 가지가지 신경성 질환에 시달리는 사람들
세상에서 들리는 저 모든 소리들을
나의 내면에서 듣는 곳을 향해 비춰보오
쉬운 일은 아니지만 포기하지 않고
듣는 곳을 향해 보고 또 보는 것을
하루 이틀 한 달 두 달 지속하다 보면
어느 날 밖이 없는 고요를 체험하게 될 것일세
얼씨구나 좋네 지화자 좋네 아니아니 그러한가

그 고요를 지속하도록 노력하노라면
어느 날 대상 없는 미소와 동시에 편안함을 체험하게 될 것일세
밖이 없는 이 고요의 편안함을 즐기다 보면
어느 날 밖의 어느 인연을 맞아 그 실체인 자신을 발견할 것일세
이 실체를 발견한 뒤 세상을 살아가는 과정에서
어려운 일이 있으면 바로 그 실체에 비춰 보게
그 어려운 것들이 사라지고 밖이 없는 고요로운 실체의 자신이
대상 없는 미소를 짓게 될 것일세
얼씨구나 좋네 지화자 좋네 아니아니 그러한가

🌸 효

1. 아들 딸이 귀엽고 사랑스런 그 속에 우리들의 부모님
어려움에도 끝내 가르치고 기른 정 이제 읽으며
늦은 눈물로써 불초를 뉘우치며 맹세하고 다짐하는
아들 딸이 여기 있으니, 건강히 오래만 사시기를
손 모아 손을 모아 간절하게 바라고 또 바라는
기도를 하옵니다 부모님 입이 귀에 걸리시게 할 겁니다

2. 어렵고도 어려운 보릿고개 그 속에 우리들을 먹이고
가르치느라 정말 그 얼마나 고생이 되셨습니까
허리 두 끈으로 졸라맨 아픔으로 사셨죠
정말정말 오래도록 건강하게만 계셔주신다면
아들 딸을 낳으시고 길러주신 그 노고에 크게 보답할 겁니다
아버님 어머님의 입이 귀에 걸리시게 할 겁니다

내 말 좀 들어봐요

모두모두 내 말 좀 들어봐요
이 몸이 내가 아니라 이 마음이 나 아닌가
살아가는 생활 속에 명상을 하여
이 맘 찾아 나를 삼아 살아를 봐요
모든 속박 모든 괴롬 벗어나는 아주 좋은 일이니
이제라도 안 늦으니 명상으로 뜻 이루어
영원한 생명, 영원한 행복 우리 모두 누려들 보세
사막화를 막고 사막 경영 시대를 열자

사막화로 급속히 변해가는 이 지구를
방치해선 아니 되네 방치하면
지구가 생긴 이래 최악의 상태 됨은
불을 보듯 뻔한 일일세. 하지만

육십 억의 온 인류가 한 마음 한 뜻 되어
황무지는 돌나물로 푸른 초원 만들고
확장되는 사막화를 배수관의 바닷물로 막는다면
지구가 생긴 이래 가장 살기 좋은 시대를
인류는 맞을 걸세

아리랑 아리랑 아라리요
아리랑 고개를 넘어간다
청천 하늘엔 잔별도 많고
이내 가슴엔 희망도 많다

🌸 사막은 지구의 심장

21세기는 사막 경영 시대를 열어
연구에 노력을 다한다면
지상 낙원이 인류에게 달려와서 맞을 걸세

육십 억의 온 인류가 손에 손잡고 한 뜻 되어
사랑하는 마음으로 역경을 헤쳐 나가
사막화를 막고 황무지를 초원으로
살기 좋은 지구촌을 이뤄보세
살기 좋은 지구촌을 이뤄보세

아리랑 아리랑 아라리요
아리랑 고개를 넘어간다
청천 하늘엔 잔별도 많고
이내 가슴엔 희망도 많다

🌸 이때 우리는

1. 화산의 폭발로 해서 사람들과 모든 것이 용암펄로 화해버린
이 막막한 우리들을 올바르게 영원으로 끌어주실
성인 중의 성인이신 불보살님 나라에 가 나는 게 꿈이네

2. 태풍이 인가를 덮쳐 다정했던 이웃들은 간 곳 없고
어지러운 벌판 되어 처참하고 참담하기 그지없는 무상한
이 현실에 의지할 분, 생명 밝혀 영원케 한 부처님 뿐이네

3. 지진이 우리의 삶을 삼켜버려 초토화가 되어버린
허망하기 그지없는 우리들의 현실에선 사방천지 둘러봐도
의지해야 할 분은 자신 깨쳐 누리라 한 부처님 뿐이네

🌸 잘 사는 비결

참지 못한 결과는 어려움이 닥치고
참고 참는 결과는 좋은 일이 온다네
친구들아 모든 일 힘을 합쳐 맞으면
못 이룰 일 없지만
니 떡 너 먹고 내 떡 나 먹는 그럼 마음 쓴다면
될 일도 아니 된다네
우리 서로 뜻을 합쳐 모두모두 잘 살아보세
이미 이룬 과학문명 선용을 해서 용맹심을 내어
모든 일에 임한다면 행복이 줄을 서서 올 걸세
아리랑 아리랑 아라리요
아리랑 고개를 넘어간다
청천 하늘엔 잔별도 많고
이내 가슴엔 희망도 많다

용서한 결과로는 웃는 날을 맞이하고
베푼 뒤엔 참 좋은 이웃들이 생기네
친구들아 서로들 힘을 합쳐 임하면
못할 일이 없지만
니 떡 너 먹고 내 떡 나 먹는 그런 마음 쓴다면
될 일도 아니 된다네
오늘부터 뜻을 합쳐 우리 한번 잘 살아보세
이미 이룬 과학문명 선용을 해서 용맹심을 내어
모든 일에 임한다면 행복이 줄을 서서 올 걸세
아리랑 아리랑 아라리요
아리랑 고개를 넘어간다
청천 하늘엔 잔별도 많고
이내 가슴엔 희망도 많다

🌸 만들자

1. 빌딩숲의 실외기 열
오고가는 차 배기가스
사람소리 기계소리를
원림 속의 새소리와
개울소리 미풍소리
그것으로 만들자 만들자 만들자

2. 이익 따져 주고받는
설왕설래 어지러움
높고 낮은 금속음들을
매미소리 물소리와
노래하는 환경으로
우리 함께 만들자 만들자 만들자

3. 하늘 맑고 별이 빛난
조용하고 시상 뜨는
그런 환경 거닐면서
손에 손을 마주 잡고
노래하는 세상으로
우리 함께 만들자 만들자 만들자

정직하고 착한 마음

1. 정직하고 착한마음
우리모두 실천하면

먼저 가정 화평하고
웃음 꽃에 향내나며

이웃간에 믿음 깊어
서로 소통 이뤄져서

나라위한 일이라면
솔선수범 모두하고

서로 믿는 사회여서
안되는 일 없을걸세

서로 믿고 웃는 사회
우리 모두 힘 모아서
낙원 나라 이뤄내어
세계 이끈 나라 되세

2. 정직하고 착한 행동
우리 모두 실천하면

믿는 마음 두려워져
서로서로 돕게 되고

그리되면 힘 모아서
일일마다 쉬 이뤄져

앞서가는 나라되고
대접받는 국민되어

곳곳에서 우러르는
그런 국민 될 것일세

서로 믿고 웃는 사회
우리 모두 힘 모아서
낙원 나라 이뤄내어
세계 이끈 나라되세

3. 이런 마음 이런 행이
우리 조상 바탕이니

우리 국민 이뤄내어
봉화적인 나라로써

지구촌을 낙원으로
이뤄내는 나라되어

가는 곳곳 두르르는
그런 국민 그런 나라

그런 조상 그런 사상
꽃 피우는 국민 되세

서로 믿고 웃는 사회
우리 모두 힘 모아서
낙원 나라 이뤄내어
세계 이끈 나라 되세

도서출판 문젠(Moonzen Press)의 책들

1. 바로보인 전등록 (전30권을 5권으로)

7불과 역대 조사의 말씀이 1,700공안으로 집대성되어 있는 선종 최고의 고전으로, 깨달음의 정수가 살아 숨쉬도록 새롭게 번역되었다.

464, 464, 472, 448, 432쪽.

각권 18,000원

2. 바로보인 무문관

황룡 무문 혜개 선사가 저술한 공안집으로 전등록, 선문염송, 벽암록 등과 함께 손꼽히는 선문의 명저이다.

본칙 48개와 무문 선사의 평창과 송, 여기에 역저자인 대원 선사의 도움말과 시송으로 생명과 같은 선문의 진수를 맛보여 주고 있다.

272쪽. 12,000원

3. 바로보인 벽암록

설두 선사의 설두송고를 원오 극근 선사가 수행자에게 제창한 것이 벽암록이다.

이 책은 본칙과 설두 선사의 송, 대원 선사의 도움말과 시송으로 이루어져, 벽암록을 오늘에 맞게 바로 보이고 있다.

456쪽. 15,000원

4. 바로보인 천부경

우리 민족 최고(最古)의 경전 천부경을 깨달음의 책으로 새롭게 바로 보였다. 이 책에는 81권의 화엄경을 81자에 함축한 듯한 천부경과, 교화경, 치화경의 내용이 함께 담겨 있으며, 역저자인 대원 선사가 도움말, 토끼뿔, 거북털 등으로 손쉽게 닦아 증득하는 문을 열어놓고 있다.
432쪽. 15,000원

5. 바로보인 금강경

대원 선사의 『바로보인 금강경』은 국내 최초로 독창적인 과목을 내어 부처님과 수보리 존자의 대화 이면의 숨은 뜻을 드러내고, 자문과 시송으로 본문의 핵심을 꿰뚫어 밝혀, 금강경 전체를 손바닥 안의 겨자씨를 보듯 설파하고 있다.
488쪽. 15,000원

6. 세월을 북채로 세상을 북삼아

대원 선사의 선시가 담긴 선시화집 『세월을 북채로 세상을 북삼아』는 선과 시와 그림이 정상에서 만나 어우러진 한바탕이다. 선의 세계를 누리는 불가사의한 일상의 노래, 법열의 환희로 취한 어깨춤과 같은 선시가 생생하고 눈부시게 내면의 소리로 흐른다.
180쪽. 15,000원

7. 영원한 현실

애매모호한 구석이 없이 밝고 명쾌하여, 너무도 분명함에 오히려 그 깊이를 헤아리기 어려운, 대원 선사의 주옥같은 법문을 모아 놓은 법문집이다.

400쪽. 15,000원

8. 바로보인 신심명

신심명은 양끝을 들어 양끝을 쓸어버리는, 40대치법으로 이루어진, 3조 승찬 대사의 게송이다. 이를 대원 선사가 바로 번역하는 것은 물론, 주해, 게송, 법문을 더해 통쾌하게 회통하고 자유자재 농한 것이 이 『바로보인 신심명』이다.

296쪽. 10,000원

9. 바로보인 환단고기 (전5권)

『바로보인 환단고기』 1권은 민족정신의 정수인 환단고기의 진리를 총정리하여 출간하였다. 2권에는 역사총론과 태초에서 배달국까지 역사가 실려 있으며, 3권은 단군조선, 4권은 북부여에서부터 고려까지의 역사가 실려 있다. 5권에는 역사를 증명하는 부록과 함께 환단고기 원문을 실었다.

344 · 368 · 264 · 352 · 344쪽.
각권 12,000원

10. 바로보인 선문염송 (전30권)

선문염송은 세계최대의 공안집이다. 전 공안을 망라하다시피 했기에 불조의 법 쓰는 바를 손바닥 들여다보듯 하지 않고는 제대로 번역할 수 없다. 대원 선사는 전 공안을 바로 참구할 수 있게끔 번역하고 각 칙마다 일러보였다.

352 368 344 352 360 360 400 440 376 392 384 428 410 380 368 434 400 404 406 440 424 460 472 456 504 528 488 488 480 512쪽 각권 15,000원

11. 앞뜰에 국화꽃 곱고 북산에 첫눈 희다

대원 선사의 선문답집으로 전강 · 경봉 · 숭산 · 묵산 선사와의 명쾌한 문답을 실었으며, 중앙일보의 〈한국불교의 큰스님 선문답〉 열 분의 기사와 기자의 질문에 대한 대원 선사의 별답을 함께 실었다.

200쪽. 5,000원

12. 바로보인 증도가

선종사에 사라지지 않을 발자취로 남은 영가 선사의 증도가를 대원 선사가 번역하고 법문과 송을 더하였다.

자비의 방편인 증도가의 말씀을 하나하나 쳐가는 선사의 일갈이야말로 영가 선사의 본 의중과 일치하여 부합하는 것이라 아니할 수 없다.

376쪽. 10,000원

13. 바로보인 반야심경

이 시대의 야부(冶父)선사, 대원 선사가 최초로 반야심경에 과목을 붙여 반야심경 내면에 흐르는 뜻을 밀밀하게 밝혀놓고 거침없는 송으로 들어보였다.

264쪽. 10,000원

14. 선(禪)을 묻는 그대에게 (전10권 중 2권)

대원 선사의 선수행에 대한 문답집.

깨달아 사무친 경지에 대한 밀밀한 점검과, 오후보림에 대한 구체적인 수행법 제시와, 최초의 무명과 우주생성의 원리까지 낱낱이 설한 법문이 담겨 있다.

280쪽, 272쪽. 각권 15,000원

15. 바로보인 선가귀감

선가귀감은 깨닫고 닦아가는 비법이 고스란히 전수되어 있는 선가의 거울이라 할만하다. 더욱이 바로보인 선가귀감은 매 소절마다 대원 선사의 시송이 화살을 과녁에 적중시키듯 역대 조사와 서산대사의 의중을 꿰뚫어 보석처럼 빛나고 있다.

352쪽. 15,000원

16. 바로보인 법융선사 심명

심명 99절의 한 소절, 한 소절이 이름 그대로 마음에 새겨두어야 할 자비광명들이다.
이 심명은 언어와 문자이면서 언어와 문자를 초월한 일상을 영위하게 하는 주옥 같은 법문이다.
278쪽. 12,000원

17. 주머니 속의 심경

반야심경은 부처님이 설하신 경 중에서도 절제된 경으로 으뜸가는 경이다. 대원 선사의 선송(禪頌)도 그 뜻을 따라 간략하나 선의 풍미를 한껏 담고 있다. 하루에 한 소절씩을 읽고 참구한다면 선 수행의 지름길이 될 것이다.
84쪽. 5,000원

18. 바로보인 법성게

법성게는 한마디로 화엄경의 핵심부를 온통 훤출히 드러내놓은 게송이다. 짧은 글 속에 일체의 법을 이렇게 통렬하게 담아놓은 법문도 드물 것이다.
이렇게 함축된 법성게 법문을 대원 선사가 속속들이 밀밀하게 설해놓았다.
176쪽. 10,000원

19. 달다 - 전강 대선사 법어집

이제는 전설이 된 한국 근대선의 거목인 전강 선사님의 최상승법과 예리한 지혜, 선기로 넘쳤던 삶이 생생하게 담겨 있는 전강 대선사 법어집 〈 달다 〉!

전강 대선사님의 인가 제자인 대원 선사가 전강 대선사님의 법거량과 법문, 일화를 재조명하여 보았다.

368쪽. 15,000원

20. 기우목동가

그 뜻이 심오하여 번역하기 어려웠던 말계 지은 선사의 기우목동가!

대원 선사가 바른 뜻이 드러나도록 번역하고, 간결한 결문과 주옥같은 선송으로 다시 보였다.

146쪽. 10,000원

21. 초발심자경문

이 초발심자경문은 한문을 새기는 힘인 문리를 터득하게 하기 위하여 일부러 의역하지 않고 직역하였다.

대원 선사의 살아있는 수행지침도 실려 있다.

266쪽. 10,000원

22. 방거사어록

방거사어록은 선의 일상, 선의 누림을 보여주는 대표적인 선문이다. 역저자인 대원 선사는 방거사어록의 문답을 '본연의 바탕에서 꽃피우는 일상의 함'이라 말하고 있다. 법의 흔적마저 없는 문답의 경지를 온전하게 드러내 놓은 번역과, 방거사와 호흡을 함께 하는 듯한 '토끼뿔'이 실려 있다.

306쪽. 15,000원

23. 실증설

이 책의 모태는 대원 선사가 2010년 2월 14일 구정을 맞이하여 불자들에게 불법의 참뜻을 보이기 위해 홀연히 펜을 들어 일시에 써내려간 이 책의 3부이다. 실증한 이가 아니고는 설파할 수 없는 일구도리로 보인 이 3부와 태초로부터 영겁에 이르는 성품의 이치를 문답과 인터뷰 법문으로 낱낱이 설한 1, 2를 보아 실증하기를…

224쪽. 10,000원

24. 하택신회대사 현종기

육조대사의 법이 중국천하에 우뚝하도록 한 장본인, 하택신회대사의 현종기. 세간에 지해종도로 알려져 있는 편견을 불식시키는 뛰어난 깨달음의 경지가 여기에 담겨있다. 대원 선사가 하택신회대사의 실경지를 드러내고 바로보임으로써 빛냈다.

232쪽. 10,000원

25. 불조정맥 - 韓 · 英 · 中 3개국어판

석가모니불로부터 현 78대에 이르기까지 불조정맥진영(佛祖正脈眞影)과 정맥전법게(正脈傳法偈)를 온전하게 갖춘 최초의 불조정맥서. 대원 선사가 다년간 수집, 정리하여 기도와 관조 끝에 완성한『불조정맥』을 3개국어로 완역하였다.
216쪽. 20,000원

26. 바른 불자가 됩시다

참된 발심을 하여 바른 신앙, 바른 수행을 하고자 해도, 그 기준을 알지 못해 방황하는 불자님들을 위해 불법의 바른 길잡이 역할을 하도록 대원 선사가 집필하여 출간하였다.
162쪽. 10,000원

27. 누구나 궁금한 33가지

21세기의 인류를 위해 모든 이들이 가장 어렵고 궁금해 하는 문제, 삶과 죽음, 종교와 진리에 대한 바른 지표를 제시하고자 대원 선사가 집필하여 출간하였다.
180쪽. 10,000원

28. 108진참회문 - 韓·英·中 3개국어판

전생의 모든 악연들이 사라져 장애가 없어지고, 소망하는 삶을 살게 하기 위해 대원 선사가 10계를 위주로 구성한 108 항목의 참회문이다. 한 대목마다 1배를 하여 108배를 실천할 것을 권한다.
170쪽. 15,000원

29. 달마의 일할도 허락지 않는다

대원 선사의 짧고 명쾌한 법문집.
책을 잡는 순간 달마의 일할도 허락지 않는 선기와 맞닥뜨리게 될 것이다. 때로는 하늘을 찌를 듯한 기세와, 때로는 흔적없는 공기와도 같은 향기를 일별하기를…
190쪽. 10,000원

30. 마음대로 앉아 죽고 서서 죽고

생사를 자재한 분들의 앉아서 열반하고 서서 열반한 내력은 물론 그분들의 생애와 법까지 일목요연하게 수록해놓았다.
446쪽. 15,000원

31. 화두 3개국어판 – 韓 · 英 · 中

『화두』는 대원 선사의 평생 선문답의 결정판이다. 생생하게 살아있는 선(禪)을 한 · 영 · 중 3개국어로 만날 수 있다. 특히 대원 선사의 짧은 일대기가 실려 있어 그 선풍을 음미하는 데에 큰 도움을 주고 있다.
440쪽. 15,000원

32. 바로보인 간당론

법문하는 이가 법리를 모르고 주장자를 치는 것을 눈먼 주장자라 한다. 법좌에 올라 주장자 쓰는 이들을 위해서 대원 선사가 간당론에서 선리(禪理)만을 취하여 『바로보인 간당론』을 출간하였다.
218쪽. 20,000원

33. 완전한 우리말 불공예식법

부처님께 공양을 올리고 불보살님의 가피를 구하는 예법 등을 총칭하여 불공예식법이라 한다. 대원 선사가 이러한 불공예식의 본뜻을 살려서 완전한 우리말본 불공예식법을 출간하였다.
456쪽. 38,000원

34. 바로보인 유마경

유마경은 불법의 최정점을 찍는 경전이라 할 것이니, 불보살님이 교화하는 경지에서의 깨달음의 실경과 신통자재한 방편행을 보여주는 최상승 경전이다. 대원 선사가 〈 대원선사 토끼뿔 〉로 이 유마경에 걸맞는 최상승법을 이 시대에 다시금 드날렸다.
568쪽. 20,000원

35. 실증설
5개국어판 – 韓 · 英 · 佛 · 西 · 中

대원 선사가 불법의 참뜻을 보이기 위해 홀연히 펜을 들어 일시에 써내려간 실증설! 실증한 이가 아니고는 설파할 수 없는 도리로 가득한 이 책이 드디어 영어, 불어, 스페인어, 중국어를 더하여 5개국어로 편찬되었다.
860쪽. 25,000원

36. 누구나 궁금한 33가지
3개국어판 – 韓 · 英 · 中

누구라도 풀어야 할 숙제인 33가지의 의문에 대한 답을 21세기의 현대인에게 맞는 비유와 언어로 되살린 『누구나 궁금한 33가지』가 한글, 영어, 중국어 3개국어로 출간되었다.
408쪽. 15,000원

37. 달마의 일할도 허락지 않는다
3개국어판 - 韓·英·中
대원 선사의 짧고 명쾌한 법문집인 『달마의 일할도 허락지 않는다』가 한글, 영어, 중국어 3개국어로 출간되었다. 전세계에서 유일하게 활선의 가풍이 이어지고 있는 한국, 그 가운데에서도 불조의 정맥을 이은 대원 선사가 살활자재한 법문을 세계로 전하고 있는 책이다.
308쪽. 15,000원

38. 화엄경 (전81권 중 38권)
대원 선사는 선문염송 30권, 전등록 30권을 모두 역해하여 세계 최초로 1,463칙 전 공안에 착어하였다. 이러한 안목으로 대천세계를 손바닥의 겨자씨 들여다보듯 하신 불보살님들의 지혜와 신통으로 누리는 불가사의한 화엄세계를 열어 보였다.
각권 15,000원

39. 법성게 3개국어판 - 韓·英·中
법성게는 한마디로 화엄경의 핵심부를 훤출히 드러내놓은 게송으로 짧은 글 속에 일체 법을 고스란히 담아 놓았다. 대원 선사의 통쾌한 법성게 법문이 한영중 3개국어로 출간되었다.
376쪽. 15,000원

40. 정법의 원류

『정법의 원류』는 불조정맥을 이은 정맥선원의 소개서이다. 정맥선원은 불조정맥 제77조 조계종 전강 대선사의 인가 제자인 대원 전법선사가 주재하는 도량이다. 『정법의 원류』를 통해 정맥선원 대원 선사의 정맥을 이은 법과 지도방편을 만날 수 있다.
444쪽. 20,000원

41. 바로보인 도가귀감

도가귀감은, 온통인 마음[一物]을 밝혀 회복함으로써, 생사를 비롯한 모든 아픔과 고를 여의어, 뜻과 같이 누려서 살게 하고자 한 도교의 뜻을, 서산대사가 밝혀 놓은 책이다. 대원 선사가 부록으로 도덕경의 중대한 대목을 더하고, 그 대목대목마다 결문(決文)하였다.
218쪽. 12,000원

42. 바로보인 유가귀감

유가귀감은 서산대사가 간추려놓은 구절로서, 간결하지만 심오하기 그지없으니, 간략한 구절 속에서 유교 사상을 미루어 볼 수 있게 하였다. 대원 선사가 그 뜻이 잘 드러나게 번역하고 그 대목대목마다 결문(決文)하였다.
236쪽. 15,000원

출간도서

바로보인 전등록 전 5권
바로보인 무문관
바로보인 벽암록
바로보인 천부경·교화경·치화경
바로보인 금강경
세월을 북채로 세상을 북삼아
영원한 현실
바로보인 신심명
바로보인 환단고기 전 5권
바로보인 선문염송 전 30권
앞뜰에 국화꽃 곱고 북산에 첫눈 희다
바로보인 증도가
바로보인 반야심경
선을 묻는 그대에게 1·2
바로보인 선가귀감
바로보인 법융선사 심명
주머니 속의 심경
바로보인 법성게
달다 -전강 대선사 법어집
기우목동가
초발심자경문
방거사어록

실증설
하택신회대사 현종기
불조정맥 - 한·영·중 3개국어판
바른 불자가 됩시다
누구나 궁금한 33가지
108진참회문 - 한·영·중 3개국어판
달마의 일할도 허락지 않는다
마음대로 앉아 죽고 서서 죽고
화두 - 한·영·중 3개국어판
바로보인 간당론
완전한 우리말 불공예식법
바로보인 유마경
실증설 5개국어판 - 한·영·불·서·중
누구나 궁금한 33가지 3개국어판
 - 한·영·중
달마의 일할도 허락지 않는다
3개국어판 - 한·영·중
화엄경 전 81권 중 38권
법성게 3개국어판 - 한·영·중
정법의 원류
바로보인 도가귀감
바로보인 유가귀감

출간예정 도서

화엄경 40권 ~ 81권
바로보인 능엄경 제6권
바로보인 원각경
바로보인 육조단경
바로보인 대전화상주 심경
바로보인 전등록 전 30권
바로보인 위앙록
해동전등록
말 밖의 말
언어의 향기

농선 대원 선사 선송집
진리와 과학의 만남
바로보인 5대 종교
금강경 야부송과 대원선사 토끼뿔
선재동자 참알 오십삼선지식
경봉선사 혜암선사 법을 들어 설하다
십현담 주해
불교대전
태고보우선사어록

법문 MP3를 주문판매합니다

부처님의 78대손이신 농선 대원 전법선사님의 법문 MP3가 나왔습니다. 책으로만 보아서는 고준하여 알기 어려웠던 선문의 이치들이 자세히 설하여져 있어서, 모든 궁금증을 시원하게 풀어줄 것입니다.

- 천부경 : 15,000원
- 신심명 : 30,000원
- 현종기 : 65,000원
- 기우목동가 : 75,000원
- 반야심경 : 1회당 5,000원 (총 32회)
- 선가귀감 : 1회당 5,000원 (총 80회)

- 금강경 : 40,000원
- 법성게 : 10,000원
- 법융선사 심명 : 100,000원

대원 선사님 작사 노래 CD 주문판매합니다

가슴으로 부르는
불심의 노래

1. 서 원 가 (3:36)
2. 반조 염불가 (4:00)
3. 소중한 삶 (2:30)
4. 석가모니불 (4:52)
5. 행서의 노래 (4:25)
6. 염원의 노래 (3:25)
7. 음성 공양 (3:51)
8. 발 심 가 (3:05)
9. 자비의 품 (4:10)
10. 부처님 은혜(첫 번째) (4:34)

11. 보살의 마음 (3:50)
12. 이 생에 해야 할 일 (3:08)
13. 구도의 목표 (3:18)
14. 님은 어서리 (3:42)
15. 부처님 은혜(두 번째) (4:34)
16. 성중성인 오성네 (3:10)
17. 내 문제는 내가 풀자 (2:38)
18. 즐거운 밤 (2:27)
19. 판 음 가 (2:48)

• 가격 : 2만원

가슴으로 부르는
불심의 노래 2

1. 부 처 님 (4:01)
2. 열반재일 (3:09)
3. 성도재일 (4:00)
4. 석굴암의 노래 (3:19)
5. 님의 모습 (3:15)
6. 믿고 따르세 (2:55)
7. 신명을 다하라 (4:17)
8. 부처님께 바치는 마음 (3:49)
9. 감사합니다 (3:10)
10. 교 화 가 (4:30)

11. 섬진강 소초 (3:08)
12. 권 수 가[1] (3:02)
13. 권 수 가[2] (3:02)
14. 우란분재일 (3:38)
15. 고맙습니다 (2:31)
16. 믿음으로 여는 세상 (3:05)
17. 출가재일 (2:44)
18. 열 원 (2:52)
19. 우리네 삶, 고운 수로 (2:35)
20. 숨속의 마음 (2:33)

• 가격 : 1만5천원

문의 전화 ☎ 031-534-3373

유튜브에서 채널 구독하시고
무료로 찬불가 앨범을 감상하세요

유튜브에서 MOONZEN을 검색하시거나
아래의 주소로 접속해주세요

http://www.youtube.com/user/officialMOONZEN

화엄경 39권은 이룬절 포천정맥선원
불일 이혜숙 본연님, 모종세, 모준식,
모윤식, 모민서님의 보시에 의해 출
간되었습니다. 이 무량공덕으로 구경
성불하시기를 기원합니다.